Bilingual
VISUAL
dictionary

Bilingual

VISUAL

dictionary

Penguin Random House

Senior Editor Scarlett O'Hara
Senior Art Editor Vicky Short
Production Editor Phil Sergeant
Production Controller Danielle Smith
Managing Art Editor Louise Dick
Managing Editor Julie Oughton

Designed for Dorling Kindersley by
WaltonCreative.com

Art Editor Colin Walton, assisted by Tracy Musson
Designers Peter Radcliffe, Earl Neish, Ann Cannings
Picture Research Marissa Keating

Language content for Dorling Kindersley by
First Edition Translations Ltd, Cambridge, UK
Translator Maria Hooper
Editor Norma Tait
Typesetting Writeldea

First published in Great Britain in 2009
This revised edition published in 2015 by
Dorling Kindersley Limited,
80 Strand, London WC2R 0RL

A WORLD OF IDEAS:
SEE ALL THERE IS TO KNOW

www.dk.com

índice
contents

ÍNDICE • CONTENTS

português • english

comer fora
• eating out

o estudo • study

o trabalho • work

os transportes
• transport

os desportos
• sport

o lazer • leisure

o ambiente •
environment

referência
• reference

sobre o dicionário

Está comprovado que a utilização de imagens ajuda na compreensão e retenção da informação. Baseado neste princípio, este dicionário bilíngue altamente ilustrado apresenta uma ampla gama de vocabulário útil e actual em duas línguas europeias.

O dicionário está dividido por temas e cobre a maior parte dos aspectos do mundo quotidiano em pormenor, desde o restaurante ao ginásio, da casa ao local de trabalho e desde o espaço ao reino animal. Encontrará também palavras e frases adicionais para utilizar na conversação e para alargar o seu vocabulário.

Este dicionário é um instrumento de referência essencial para todos os que se interessam pelas línguas – é prático, estimulante e fácil de utilizar.

Alguns pontos a observar

As duas línguas são sempre apresentadas na mesma ordem: português e inglês.

Em português, os substantivos mostram-se sempre com os seus artigos definidos a reflectir o género (masculino ou feminino) e o número (singular ou plural), por exemplo:

a semente   **as amêndoas**
seed   almonds

Os verbos são indicados por um (v) depois do inglês, por exemplo:

colher = harvest (v)

Cada língua tem o seu próprio índice no final do livro. Aí poderá consultar uma palavra em qualquer das duas línguas e ser encaminhado para a(s) página(s) onde a mesma aparece. O género dos substantivos é indicado com as seguintes abreviaturas:

m = masculino
f = feminino

about the dictionary

The use of pictures is proven to aid understanding and the retention of information. Working on this principle, this highly-illustrated bilingual dictionary presents a large range of useful current vocabulary in two European languages.

The dictionary is divided thematically and covers most aspects of the everyday world in detail, from the restaurant to the gym, the home to the workplace, and from outer space to the animal kingdom. You will also find additional words and phrases for conversational use and for extending your vocabulary.

This is an essential reference tool for anyone interested in languages – practical, stimulating, and easy-to-use.

A few things to note

The two languages are always presented in the same order – Portuguese and English.

In Portuguese, nouns are given with their definite articles reflecting the gender (masculine or feminine) and number (singular or plural), for example:

a semente   **as amêndoas**
seed   almonds

Verbs are indicated by a (v) after the English, for example:

colher = harvest (v)

Each language also has its own index at the back of the book. Here you can look up a word in either of the two languages and be referred to the page number(s) where it appears. The gender of nouns is shown using the following abbreviations:

m = masculine
f = feminine

Brief pronunciation guide

Vowels:
pilha (battery) and mula (mule) – the pronunciation of **i** and **u** doesn't change in most words – **i** like **ee** in tree, and **u** like **oo** in booster

Nasal sounds:
ão, as in "pão" (bread): pown[g]; ãe, as in "mãe" (mother): mayn[g]; õe, as in "feijões" (beans), sounds like oin in point: fayJoinsh

Consonants:
homem (man) – **h** is always silent at the beginning of the word
tenho (I have) – **nh** sounds like **ny**, tenyo
Julho (July) – **lh** sounds like **ly**, joolyo
tacho (pan) – **ch** sounds like **sh** in shadow
cenoura (carrot) and ciclone (cyclone) – **c** before **e** and **i** is soft like **s** in sand, otherwise it sounds like the **c** in corner before **a**, **o** and **u**.
taça (cup) – **ç** always sounds like a soft **s** as in sun
gelo (ice) and girafa (giraffe) – **g** sounds like **s** in measure before **e** and **i**
guia (guide) – **gu** sounds like **g** in goat before **e** and **i**
caro (expensive) and carro (car) – one **r** sounds like **r** in Dora and **rr** is like **r** in rat
casa (house) – one **s** between vowels sounds like **z** in zebra. Sapato (shoe) – the initial **s** sounds like **s** in sun. Passado (past) – **ss** also sounds like **s** in sun.
táxi (taxi) – **x** sounds like in the English equivalent taxi. Baixo (low) – **x** sounds like **sh** in shop. Próximo (next) – **x** sounds like **c** in pace. Exacto (exact) – **x** sounds like **z** in zebra.

como utilizar este livro

Quer esteja a aprender uma língua nova por motivos de trabalho, prazer ou para se preparar para umas férias no estrangeiro, ou queira aumentar o seu vocabulário numa língua que já conhece, este dicionário é um instrumento de aprendizagem valioso que poderá utilizar de várias maneiras diferentes.

Ao aprender uma nova língua, procure as palavras similares em línguas diferentes e as palavras que parecem similares mas que têm significados totalmente distintos. Poderá também observar como as línguas se influenciaram entre si. Por exemplo, a língua inglesa importou muitos termos de comida de outras línguas europeias, mas, em troca, exportou termos empregados na tecnologia e cultura popular.

Actividades práticas de aprendizagem

• Enquanto anda pela sua casa, local de trabalho ou escola, tente procurar as páginas que se referem a esse local. Poderá então fechar o livro, olhar em seu redor e ver de quantos objectos ou características consegue lembrar-se.

• Lance a si mesmo o desafio de escrever uma história, uma carta ou um diálogo empregando tantos termos de uma determinada página quantos conseguir. Isto ajudá-lo-á a reter o vocabulário e a lembrar-se da ortografia. Se quiser progredir para uma composição mais longa, comece com frases que incorporem 2 ou 3 palavras.

• Se tiver uma boa memória visual, tente desenhar ou decalcar objectos do livro num papel; a seguir feche o livro e escreva as palavras correspondentes abaixo do desenho.

• Quando se sentir mais seguro, escolha palavras do índice na língua estrangeira e veja se sabe o que significam antes de consultar a página correspondente para comprovar se tinha razão.

how to use this book

Whether you are learning a new language for business, pleasure, or in preparation for a holiday abroad, or are hoping to extend your vocabulary in an already familiar language, this dictionary is a valuable learning tool which you can use in a number of different ways.

When learning a new language, look out for cognates (words that are alike in different languages) and false friends (words that look alike but carry significantly different meanings). You can also see where the languages have influenced each other. For example, English has imported many terms for food from other European languages but, in turn, exported terms used in technology and popular culture.

Practical learning activities

• As you move about your home, workplace, or college, try looking at the pages which cover that setting. You could then close the book, look around you and see how many of the objects and features you can name.

• Challenge yourself to write a story, letter, or dialogue using as many of the terms on a particular page as possible. This will help you retain the vocabulary and remember the spelling. If you want to build up to writing a longer text, start with sentences incorporating 2–3 words.

• If you have a very visual memory, try drawing or tracing items from the book onto a piece of paper, then close the book and fill in the words below the picture.

• Once you are more confident, pick out words in the foreign language index and see if you know what they mean before turning to the relevant page to check if you were right.

as pessoas
people

o corpo • body

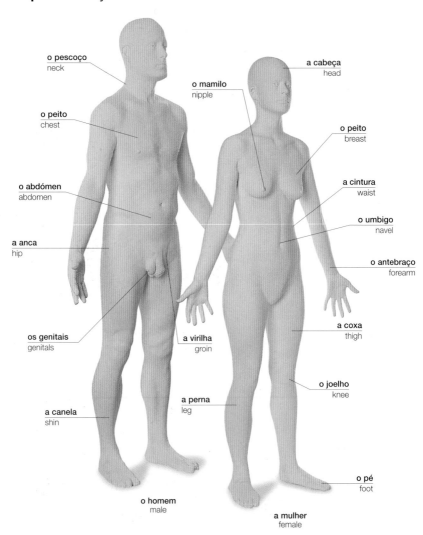

o pescoço
neck

o mamilo
nipple

a cabeça
head

o peito
chest

o peito
breast

o abdómen
abdomen

a cintura
waist

o umbigo
navel

a anca
hip

o antebraço
forearm

os genitais
genitals

a virilha
groin

a coxa
thigh

o joelho
knee

a perna
leg

a canela
shin

o pé
foot

o homem
male

a mulher
female

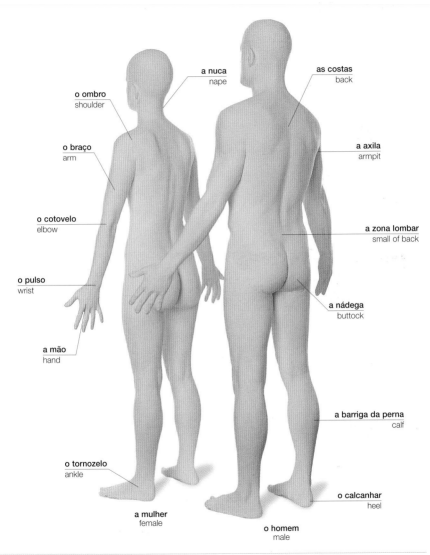

o ombro
shoulder

a nuca
nape

as costas
back

o braço
arm

a axila
armpit

o cotovelo
elbow

a zona lombar
small of back

o pulso
wrist

a nádega
buttock

a mão
hand

a barriga da perna
calf

o tornozelo
ankle

o calcanhar
heel

a mulher
female

o homem
male

a cara • face

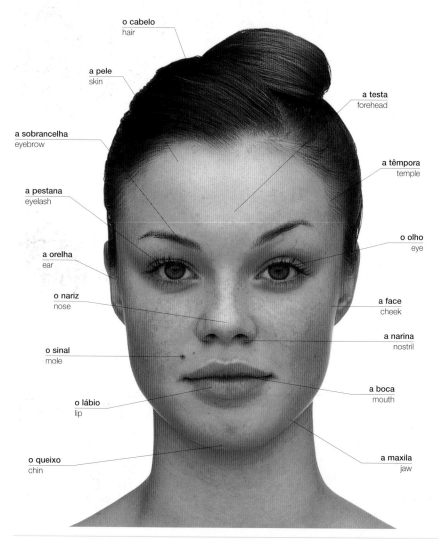

o cabelo
hair

a pele
skin

a testa
forehead

a sobrancelha
eyebrow

a têmpora
temple

a pestana
eyelash

o olho
eye

a orelha
ear

o nariz
nose

a face
cheek

a narina
nostril

o sinal
mole

o lábio
lip

a boca
mouth

o queixo
chin

a maxila
jaw

a ruga
wrinkle

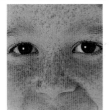

a sarda
freckle

o poro
pore

a covinha
dimple

a mão • hand

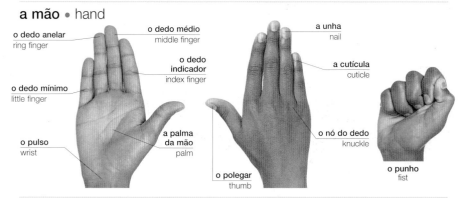

o dedo anelar
ring finger

o dedo médio
middle finger

o dedo
indicador
index finger

a unha
nail

a cutícula
cuticle

o dedo mínimo
little finger

o pulso
wrist

a palma
da mão
palm

o nó do dedo
knuckle

o polegar
thumb

o punho
fist

o pé • foot

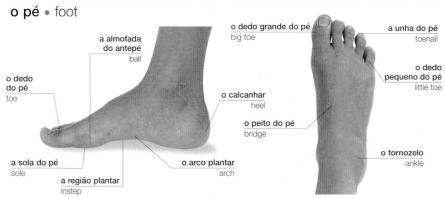

a almofada
do antepé
ball

o dedo grande do pé
big toe

a unha do pé
toenail

o dedo
do pé
toe

o calcanhar
heel

o dedo
pequeno do pé
little toe

o peito do pé
bridge

a sola do pé
sole

o arco plantar
arch

a região plantar
instep

o tornozelo
ankle

os músculos • muscles

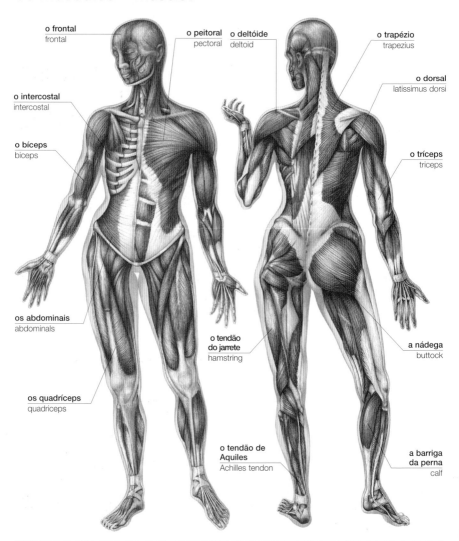

o frontal
frontal

o peitoral
pectoral

o deltóide
deltoid

o trapézio
trapezius

o dorsal
latissimus dorsi

o intercostal
intercostal

o bíceps
biceps

o tríceps
triceps

os abdominais
abdominals

o tendão
do jarrete
hamstring

a nádega
buttock

os quadríceps
quadriceps

o tendão de
Aquiles
Achilles tendon

a barriga
da perna
calf

o esqueleto • skeleton

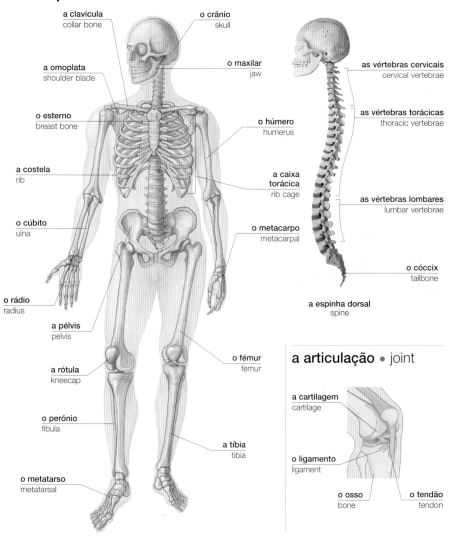

a clavícula
collar bone

o crânio
skull

a omoplata
shoulder blade

o maxilar
jaw

o esterno
breast bone

o húmero
humerus

a costela
rib

a caixa
torácica
rib cage

o cúbito
ulna

o metacarpo
metacarpal

o rádio
radius

a pélvis
pelvis

a rótula
kneecap

o fémur
femur

o perónio
fibula

a tíbia
tibia

o metatarso
metatarsal

as vértebras cervicais
cervical vertebrae

as vértebras torácicas
thoracic vertebrae

as vértebras lombares
lumbar vertebrae

o cóccix
tailbone

a espinha dorsal
spine

a articulação • joint

a cartilagem
cartilage

o ligamento
ligament

o osso
bone

o tendão
tendon

os órgãos internos • internal organs

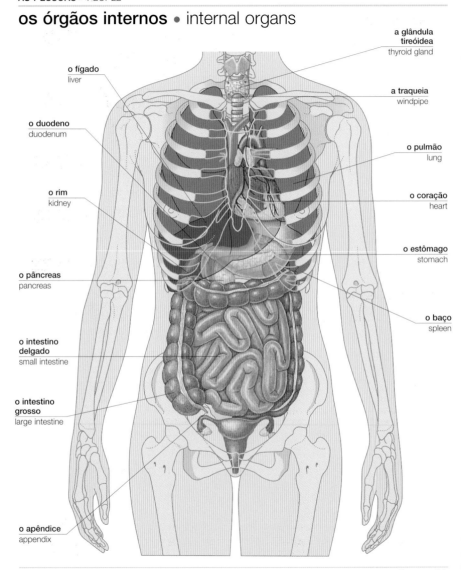

a glândula tireóidea
thyroid gland

o fígado
liver

a traqueia
windpipe

o duodeno
duodenum

o pulmão
lung

o rim
kidney

o coração
heart

o estômago
stomach

o pâncreas
pancreas

o baço
spleen

o intestino delgado
small intestine

o intestino grosso
large intestine

o apêndice
appendix

a cabeça • head

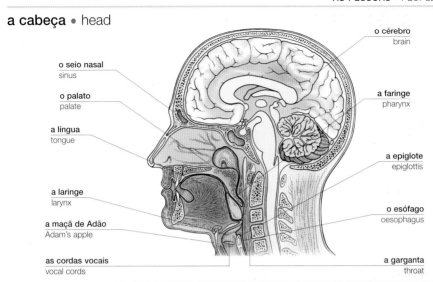

o cérebro
brain

o seio nasal
sinus

o palato
palate

a língua
tongue

a laringe
larynx

a maçã de Adão
Adam's apple

as cordas vocais
vocal cords

a faringe
pharynx

a epiglote
epiglottis

o esófago
oesophagus

a garganta
throat

os sistemas • body systems

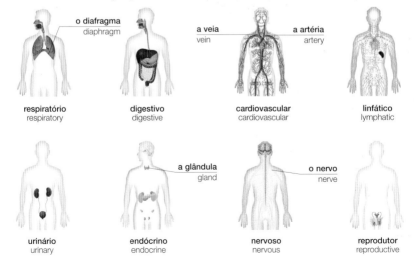

o diafragma
diaphragm

a veia
vein

a artéria
artery

respiratório
respiratory

digestivo
digestive

cardiovascular
cardiovascular

linfático
lymphatic

a glândula
gland

o nervo
nerve

urinário
urinary

endócrino
endocrine

nervoso
nervous

reprodutor
reproductive

português • english

os órgãos reprodutores • reproductive organs

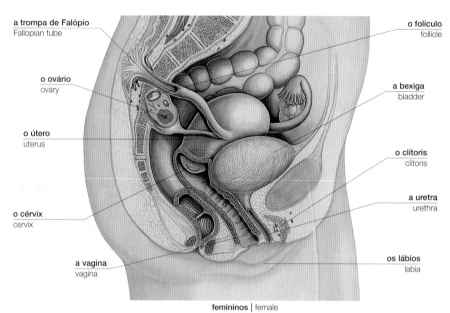

a trompa de Falópio
Fallopian tube

o ovário
ovary

o útero
uterus

o cérvix
cervix

a vagina
vagina

o folículo
follicle

a bexiga
bladder

o clítoris
clitoris

a uretra
urethra

os lábios
labia

femininos | female

a reprodução
• reproduction

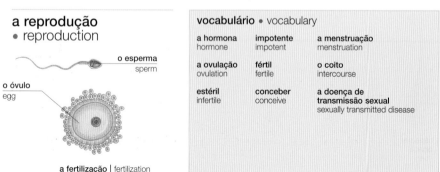

o esperma
sperm

o óvulo
egg

a fertilização | fertilization

vocabulário • vocabulary

a hormona hormone	impotente impotent	a menstruação menstruation
a ovulação ovulation	fértil fertile	o coito intercourse
estéril infertile	conceber conceive	a doença de transmissão sexual sexually transmitted disease

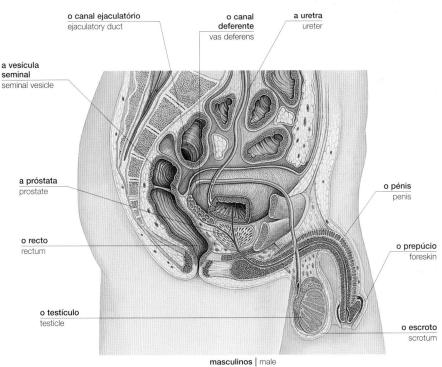

o canal ejaculatório
ejaculatory duct

o canal
deferente
vas deferens

a uretra
ureter

a vesícula
seminal
seminal vesicle

a próstata
prostate

o pénis
penis

o recto
rectum

o prepúcio
foreskin

o testículo
testicle

o escroto
scrotum

masculinos | male

a contracepção • contraception

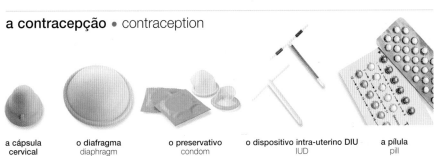

a cápsula
cervical
cap

o diafragma
diaphragm

o preservativo
condom

o dispositivo intra-uterino DIU
IUD

a pílula
pill

a família • family

a avó
grandmother

o avô
grandfather

o tio
uncle

a tia
aunt

o pai
father

a mãe
mother

o primo
cousin

o irmão
brother

a irmã
sister

a mulher
wife

a nora
daughter-in-law

o filho
son

a filha
daughter

o genro
son-in-law

o neto
grandson

a neta
granddaughter

o marido
husband

o vocabulário • vocabulary

os parentes relatives	**os pais** parents	**os netos** grandchildren	**a madrasta** stepmother	**o enteado** stepson	**a geração** generation
os avós grandparents	**os filhos** children	**o padrasto** stepfather	**a enteada** stepdaughter	**o/a companheiro/a** partner	**os gémeos** twins

a sogra
mother-in-law

o sogro
father-in-law

as fases da vida • stages

o bebé
baby

a criança
child

o cunhado
brother-in-law

a cunhada
sister-in-law

o rapaz
boy

a rapariga
girl

a sobrinha
niece

o sobrinho
nephew

Senhor Mr **Menina** Miss

a adolescente
teenager

o adulto
adult

as formas de tratamento
• titles

Senhora
Mrs

o homem
man

a mulher
woman

as relações • relationships

a auxiliar	o chefe	a sócia	o empregado	a empregadora	o colega
assistant	manager	business partner	employee	employer	colleague

o escritório | office

o vizinho
neighbour

o amigo
friend

o conhecido
acquaintance

o correspondente
penfriend

o namorado
boyfriend

a namorada
girlfriend

o noivo
fiancé

a noiva
fiancée

o casal | couple

o casal comprometido | engaged couple

as emoções • emotions

o sorriso
smile

feliz
happy

triste
sad

entusiasmado
excited

aborrecido
bored

surpreendido
surprised

assustado
scared

o sobrolho
franzido
frown

zangado
angry

confuso
confused

preocupado
worried

nervoso
nervous

orgulhoso
proud

confiante
confident

envergonhado
embarrassed

tímido
shy

vocabulário • vocabulary

abalado upset	**rir (v)** laugh (v)	**suspirar (v)** sigh (v)	**gritar (v)** shout (v)
chocado shocked	**chorar (v)** cry (v)	**desmaiar (v)** faint (v)	**bocejar (v)** yawn (v)

os acontecimentos da vida • life events

nascer (v)
be born (v)

começar a escola (v)
start school (v)

fazer amigos (v)
make friends (v)

licenciar-se (v)
graduate (v)

conseguir um emprego (v)
get a job (v)

apaixonar-se (v)
fall in love (v)

casar (v)
get married (v)

ter um filho (v)
have a baby (v)

o casamento | wedding

o divórcio
divorce

o funeral
funeral

vocabulário • vocabulary

o baptizado
christening

o bar mitzvah
bar mitzvah

o aniversário
anniversary

emigrar (v)
emigrate (v)

reformar-se (v)
retire (v)

morrer (v)
die (v)

fazer testamento (v)
make a will (v)

a certidão de nascimento
birth certificate

a festa do casamento
wedding reception

a lua-de-mel
honeymoon

as celebrações • celebrations

os festivais •
festivals

a festa de anos
birthday party

o cartão
card

a prenda
present

o aniversário
birthday

o Natal
Christmas

a Páscoa judia
Passover

o Ano Novo
New Year

o Carnaval
carnival

o desfile
procession

o Ramadão
Ramadan

a fita
ribbon

o dia de Acção de Graças
Thanksgiving

a Páscoa
Easter

o dia de Halloween
Halloween

o Diwali
Diwali

a aparência
appearance

a roupa de criança • children's clothing

o bebé • baby

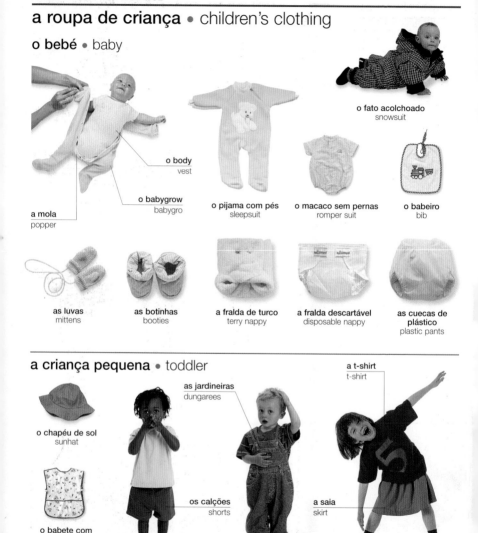

o fato acolchoado
snowsuit

o body
vest

a mola
popper

o babygrow
babygro

o pijama com pés
sleepsuit

o macaco sem pernas
romper suit

o babeiro
bib

as luvas
mittens

as botinhas
booties

a fralda de turco
terry nappy

a fralda descartável
disposable nappy

as cuecas de
plástico
plastic pants

a criança pequena • toddler

a t-shirt
t-shirt

as jardineiras
dungarees

o chapéu de sol
sunhat

os calções
shorts

a saia
skirt

o babete com
bolso
apron

a criança • child

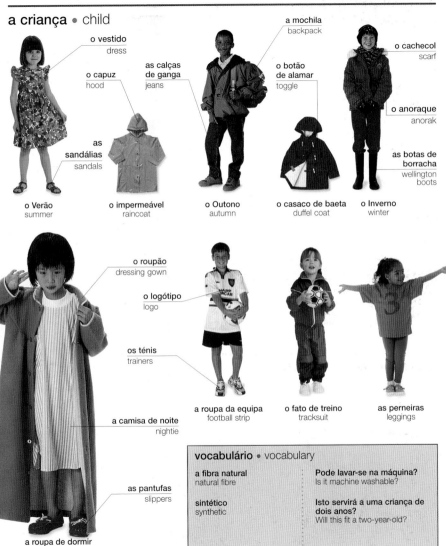

o vestido
dress

o capuz
hood

as calças
de ganga
jeans

as
sandálias
sandals

o Verão
summer

o impermeável
raincoat

a mochila
backpack

o botão
de alamar
toggle

o Outono
autumn

o casaco de baeta
duffel coat

o cachecol
scarf

o anoraque
anorak

as botas de
borracha
wellington
boots

o Inverno
winter

o roupão
dressing gown

o logótipo
logo

os ténis
trainers

a camisa de noite
nightie

as pantufas
slippers

a roupa de dormir
nightwear

a roupa da equipa
football strip

o fato de treino
tracksuit

as perneiras
leggings

vocabulário • vocabulary

a fibra natural natural fibre	Pode lavar-se na máquina? Is it machine washable?
sintético synthetic	Isto servirá a uma criança de dois anos? Will this fit a two-year-old?

a roupa de homem • men's clothing

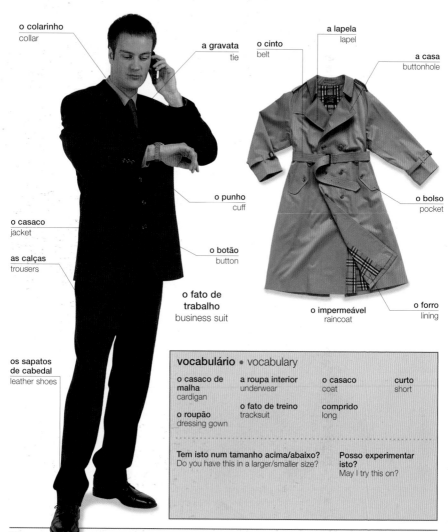

o colarinho
collar

a gravata
tie

o cinto
belt

a lapela
lapel

a casa
buttonhole

o punho
cuff

o bolso
pocket

o casaco
jacket

as calças
trousers

o botão
button

o fato de trabalho
business suit

o impermeável
raincoat

o forro
lining

os sapatos de cabedal
leather shoes

vocabulário • vocabulary

o casaco de malha cardigan	a roupa interior underwear	o casaco coat	curto short
o roupão dressing gown	o fato de treino tracksuit	comprido long	

Tem isto num tamanho acima/abaixo?
Do you have this in a larger/smaller size?

Posso experimentar isto?
May I try this on?

o decote em V
v-neck

o decote recondo
round neck

o blazer
blazer

o casaco desportivo
sports jacket

o colete
waistcoat

a t-shirt
t-shirt

o anoraque
anorak

a sweatshirt
sweatshirt

a camisa
shirt

as calças de ganga
jeans

a camisola de lã
sweater

o pijama
pyjamas

a camisola interior
vest

a roupa casual
casual wear

os calções
shorts

as cuecas
briefs

os boxers
boxer shorts

as peúgas
socks

a roupa de senhora • women's clothing

o casaco
jacket

a costura
seam

sem alças
strapless

sem mangas
sleeveless

a manga
sleeve

comprido
ankle length

o vestido de noite
evening dress

o vestido
dress

a saia
skirt

a blusa
blouse

a bainha
hem

pelo joelho
knee-length

as calças
trousers

os sapatos
shoes

formal
formal

casual
casual

a lingerie • lingerie

o casamento • wedding

a alça
strap

o roupão
dressing gown

a combinação
slip

a camisola interior
camisole

o véu
veil

a renda
lace

o ramo de flores
bouquet

a cauda
train

o vestido de casamento
wedding dress

as ligas
suspenders

o espartilho de ligas
basque

a meia
stocking

as collants
tights

o soutien
bra

as cuecas
knickers

a camisa de noite
nightdress

vocabulário • vocabulary

o espartilho corset	**de corte justo** tailored
a liga garter	**preso no pescoço** halter neck
almofada de ombro shoulder pad	**com arames** underwired
o cós waistband	**soutien de desporto** sports bra

os acessórios • accessories

a fivela
buckle

o cabo
handle

o boné
cap

o chapéu
hat

o lenço de pescoço
scarf

o cinto
belt

a ponta
tip

o lenço de assoar
handkerchief

o laço
bow tie

o alfinete de
gravata
tie-pin

as luvas
gloves

o guarda-chuva
umbrella

as jóias • jewellery

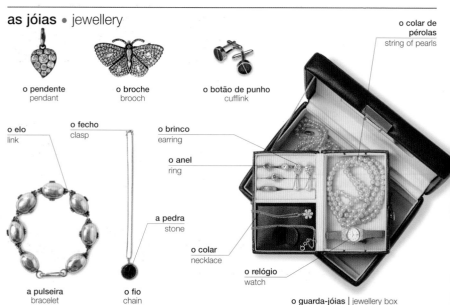

o colar de
pérolas
string of pearls

o pendente
pendant

o broche
brooch

o botão de punho
cufflink

o elo
link

o fecho
clasp

o brinco
earring

o anel
ring

a pedra
stone

o colar
necklace

o relógio
watch

a pulseira
bracelet

o fio
chain

o guarda-jóias | jewellery box

as malas • bags

a carteira de homem
wallet

a carteira de senhora
purse

a mala de pôr ao ombro
shoulder bag

o fecho
fastening

a alça para ombro
shoulder strap

as asas
handles

o saco de viagem
holdall

a pasta
briefcase

a mala de mão
handbag

a mochila
backpack

os sapatos • shoes

o atacador
lace

a pala
tongue

a ilhó
eyelet

a sola
sole

o sapato de atacador
lace-up

o salto
heel

a bota
boot

a bota de caminhada
walking boot

o ténis
trainer

o chinelo de enfiar no dedo
flip-flop

o sapato de homem
brogue

o sapto de salto alto
high heel shoe

o sapato de cunha
wedge

a sandália
sandal

o mocassin
slip-on

a sabrina
pump

o cabelo • hair

o pente
comb

pentear (v)
comb (v)

a escova
brush

escovar (v) | brush (v)

a cabeleireira
hairdresser

o lavatório
sink

a cliente
client

lavar (v) | wash (v)

enxaguar (v)
rinse (v)

a bata
robe

cortar (v)
cut (v)

secar com o secador (v)
blow dry (v)

fazer mise (v)
set (v)

os acessórios • accessories

o secador
hairdryer

o champô
shampoo

o amaciador
conditioner

o gel
gel

a laca
hairspray

os ferros de frisar
curling tongs

a tesoura
scissors

a bandolete
hairband

o alisador de cabelo
hair straighteners

o gancho de mola
hairpin

os penteados • styles

o rabo de cavalo
ponytail

a trança
plait

a banana
french pleat

o monho
bun

os rabichos
pigtails

virado para dentro
bob

curto
crop

encaracolado
curly

permanente
perm

liso
straight

as raízes
roots

os reflexos
highlights

careca
bald

a cabeleira
wig

vocabulário • vocabulary

aparar (v) trim (v)	**oleoso** greasy
alisar (v) straighten (v)	**seco** dry
o barbeiro barber	**normal** normal
a caspa dandruff	**o couro cabeludo** scalp
as pontas espigadas split ends	**o elástico de cabelo** hair tie

as cores • colours

louro
blonde

castanho
brunette

cobre
auburn

ruivo
ginger

preto
black

cinzento
grey

branco
white

pintado
dyed

a beleza • beauty

a tinta do cabelo
hair dye

a sombra de olhos
eye shadow

o rímel
mascara

o lápis de olhos
eyeliner

o blush
blusher

a base
foundation

o bâton
lipstick

a maquilhagem • make-up

o lápis de sobrancelhas
eyebrow pencil

a escova de sobrancelhas
eyebrow brush

a pinça
tweezers

o brilho para lábios
lip gloss

o pincel para lábios
lip brush

o lápis de contorno
lip liner

o pincel para pó-de-arroz
brush

o lápis corretor
concealer

o espelho
mirror

o pó-de-arroz
face powder

a esponja para pó-de-arroz
powder puff

a caixa de pó compacto | compact

os tratamentos de beleza
• beauty treatments

a máscara
face pack

a cama de bronzeamento
sunbed

a limpeza de pele
facial

esfoliar (v)
exfoliate (v)

a depilação a cera
wax

a pedicura
pedicure

os artigos de toilette • toiletries

o leite de limpeza
cleanser

o tónico
toner

o hidratante
moisturizer

o creme
autobronzeador
self-tanning cream

o perfume
perfume

a água de colónia
eau de toilette

a manicura • manicure

a lima de unhas
nail file

o removedor de verniz
nail varnish remover

o verniz de unhas
nail varnish

a tesoura de
unhas
nail scissors

o corta-
unhas
nail clippers

vocabulário • vocabulary

a pele complexion	oleosa oily	o bronzeado tan
clara fair	sensível sensitive	a tatuagem tattoo
escura dark	hipoalergénico hypoallergenic	o anti-rugas anti-wrinkle
seca dry	a tonalidade shade	as bolas de algodão cotton balls

a saúde
health

a doença • illness

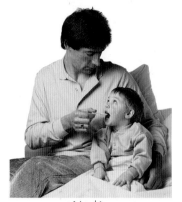

a febre | fever

a dor de cabeça
headache

**o sangramento
do nariz**
nosebleed

a tosse
cough

o espirro
sneeze

a constipação
cold

a gripe
flu

o inalador
inhaler

a asma
asthma

as cólicas
cramps

a náusea
nausea

a varicela
chickenpox

a erupção
rash

---

vocabulário • vocabulary

o AVC stroke	**a diabetes** diabetes	**a eczema** eczema	**o resfriado** chill	**vomitar (v)** vomit (v)	**a diarreia** diarrhoea
a tensão arterial blood pressure	**a alergia** allergy	**a infecção** infection	**a dor de estômago** stomach ache	**a epilepsia** epilepsy	**o sarampo** measles
o enfarte do miocárdio heart attack	**a febre dos fenos** hayfever	**o vírus** virus	**desmaiar (v)** faint (v)	**a enxaqueca** migraine	**a papeira** mumps

---

português • english

o médico • doctor
a consulta • consultation

o médico
doctor

o leitor de raios X
X-ray viewer

a receita
prescription

a doente
patient

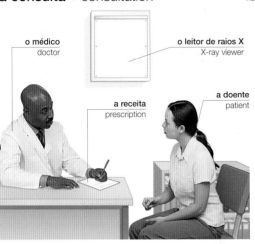

a enfermeira
nurse

a balança
scales

a braçadeira
cuff

o medidor de tensão
arterial elétrico
electric blood pressure
monitor

vocabulário • vocabulary

a consulta
appointment

a vacina
inoculation

o consultório
surgery

o termómetro
thermometer

a sala de espera
waiting room

o exame médico
medical
examination

Preciso de uma consulta.
I need to see a doctor.

Dói-me aqui.
It hurts here.

a lesão • injury

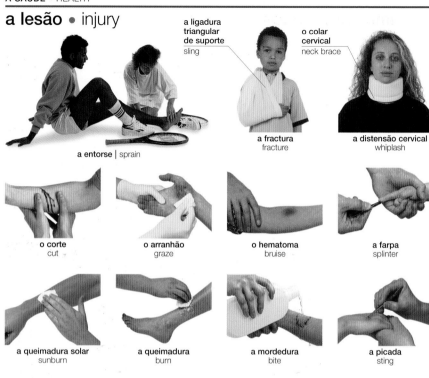

a ligadura triangular de suporte
sling

o colar cervical
neck brace

a entorse | sprain

a fractura
fracture

a distensão cervical
whiplash

o corte
cut

o arranhão
graze

o hematoma
bruise

a farpa
splinter

a queimadura solar
sunburn

a queimadura
burn

a mordedura
bite

a picada
sting

vocabulário • vocabulary

o acidente accident	**a hemorragia** haemorrhage	**o envenenamento** poisoning	**Ele/ela vai ficar bem?** Will he/she be all right?
a emergência emergency	**a bolha** blister	**o choque eléctrico** electric shock	**Onde é que lhe dói?** Where does it hurt?
a ferida wound	**a concussão** concussion	**o ferimento na cabeça** head injury	**Por favor chame uma ambulância.** Please call an ambulance.

os primeiros socorros • first aid

a pomada
ointment

o penso rápido
plaster

o alfinete de segurança
safety pin

a ligadura
bandage

os analgésicos
painkillers

a toalhita anti-séptica
antiseptic wipe

a pinça
tweezers

a tesoura
scissors

o anti-séptico
antiseptic

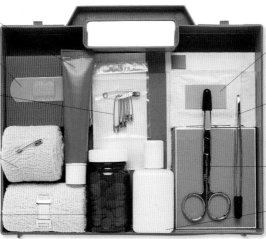

a caixa de primeiros socorros | first aid box

a gaze
gauze

o curativo
dressing

a tala
splint

o adesivo
adhesive tape

a reanimação
resuscitation

vocabulário • vocabulary

o choque shock	**o pulso** pulse	**engasgar-se (v)** choke (v)	**Pode ajudar-me?** Can you help?
inconsciente unconscious	**a respiração** breathing	**estéril** sterile	**Tem conhecimentos de primeiros socorros?** Do you know first aid?

o hospital • hospital

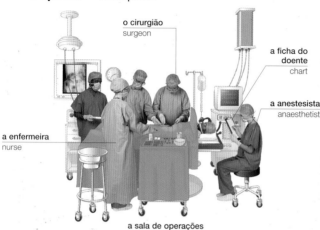

o cirurgião
surgeon

a ficha do doente
chart

a anestesista
anaesthetist

a enfermeira
nurse

a sala de operações
operating theatre

a análise de sangue
blood test

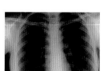

a injecção
injection

a radiografia
x-ray

a maca
trolley

o botão de chamada
call button

a sala de urgências
emergency room

a enfermaria
ward

a cadeira de rodas
wheelchair

a ecografia
scan

vocabulário • vocabulary

a operação operation	com alta discharged	as horas de visita visiting hours	a enfermaria da pediatria children's ward	a unidade de cuidados intensivos intensive care unit
internado admitted	a clínica clinic	a enfermaria da maternidade maternity ward	o quarto particular private room	o doente externo outpatient

os serviços • departments

a otorrinolaringologia
ENT

a cardiologia
cardiology

a ortopedia
orthopaedy

a ginecologia
gynaecology

a fisioterapia
physiotherapy

a dermatologia
dermatology

a pediatria
paediatrics

a radiologia
radiology

a cirurgia
surgery

a maternidade
maternity

a psiquiatria
psychiatry

a oftalmologia
ophthalmology

vocabulário • vocabulary

a neurologia neurology	**a urologia** urology	**a endocrinologia** endocrinology	**a patologia** pathology	**o resultado** result
a oncologia oncology	**a cirurgia plástica** plastic surgery	**o encaminhamento** referral	**a análise** test	**o especialista** consultant

o dentista • dentist

o dente • tooth

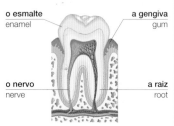

o esmalte / enamel	a gengiva / gum
o nervo / nerve	a raiz / root

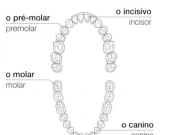

o pré-molar / premolar	o incisivo / incisor
o molar / molar	
	o canino / canine

o check-up • check-up

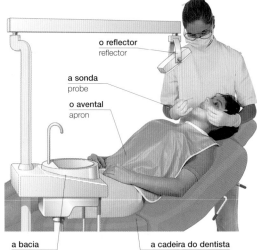

o reflector / reflector

a sonda / probe

o avental / apron

a bacia / basin

a cadeira do dentista / dentist's chair

---

vocabulário • vocabulary

a dor de dentes / toothache	a broca / drill
a placa bacteriana / plaque	o fio dentário / dental floss
a cárie / decay	a extracção / extraction
a obturação / filling	a coroa dentária / crown

usar o fio dentário (v) / floss (v)

a escova / brush

o aparelho ortodôntico / brace

os raios x dentários / dental X-ray

a radiografia / X-ray film

a dentadura postiça / dentures

o oculista • optician

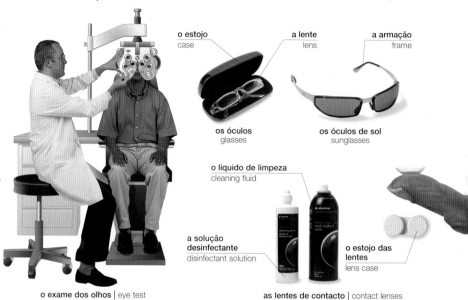

o estojo
case

a lente
lens

a armação
frame

os óculos
glasses

os óculos de sol
sunglasses

o líquido de limpeza
cleaning fluid

a solução
desinfectante
disinfectant solution

o estojo das
lentes
lens case

o exame dos olhos | eye test

as lentes de contacto | contact lenses

o olho • eye

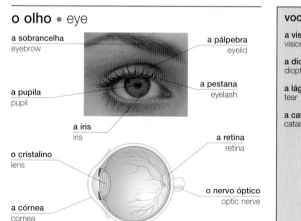

a sobrancelha
eyebrow

a pálpebra
eyelid

a pupila
pupil

a pestana
eyelash

a íris
iris

o cristalino
lens

a retina
retina

a córnea
cornea

o nervo óptico
optic nerve

vocabulário • vocabulary

a visão
vision

o astigmatismo
astigmatism

a diopetria
diopter

a hipermetropia
long sight

a lágrima
tear

a miopia
short sight

a catarata
cataract

bifocal
bifocal

a gravidez • pregnancy

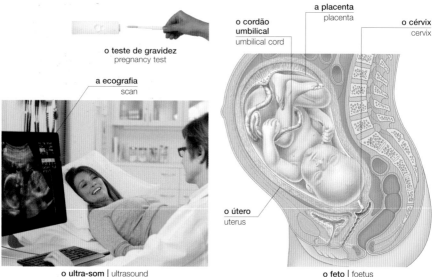

o teste de gravidez
pregnancy test

a ecografia
scan

o ultra-som | ultrasound

a placenta
placenta

o cordão umbilical
umbilical cord

o cérvix
cervix

o útero
uterus

o feto | foetus

vocabulário • vocabulary

a ovulação ovulation	pré-natal antenatal	a amniocentese amniocentesis	a dilatação dilation	o parto delivery	distócico breech
a concepção conception	o embrião embryo	a contracção contraction	a epidural epidural	o nascimento birth	prematuro premature
grávida pregnant	o útero womb	romper águas (v) break waters (v)	a episiotomia episiotomy	o aborto espontâneo miscarriage	o ginecologista gynaecologist
gestante expectant	o trimestre trimester	o líquido amniótico amniotic fluid	a cesariana caesarean section	os pontos stitches	o obstetra obstetrician

o parto • childbirth

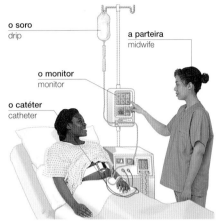

o soro
drip

a parteira
midwife

o monitor
monitor

o catéter
catheter

provocar o parto (v)
induce labour (v)

a incubadora | incubator

o peso à nascença | birth weight

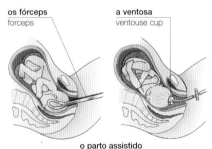

os fórceps
forceps

a ventosa
ventouse cup

o parto assistido
assisted delivery

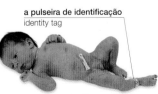

a pulseira de identificação
identity tag

o recém-nascido | newborn baby

a amamentação • nursing

a bomba de leite materno
breast pump

o soutien de amamentação
nursing bra

amamentar (v)
breastfeed (v)

os discos protectores
pads

as terapias alternativas • alternative therapy

a t-shirt
T-shirt

o tapete
mat

o ioga | yoga

a massagem
massage

o shiatsu
shiatsu

a quiroprática
chiropractic

a osteopatia
osteopathy

a reflexologia
reflexology

a meditação
meditation

o terapeuta
counsellor

o reiki
reiki

a acupunctura
acupunture

a terapia de grupo
group therapy

a ayurveda
ayurveda

a hipnoterapia
hypnotherapy

os óleos essenciais
essential oils

a fitoterapia
herbalism

a aromaterapia
aromatherapy

a homeopatia
homeopathy

a acupressão
acupressure

a terapeuta
therapist

a psicoterapia
psychotherapy

vocabulário • vocabulary

o suplemento supplement	**a naturopatia** naturopathy	**o relaxamento** relaxation	**a erva** herb
a hidroterapia hydrotherapy	**o feng shui** feng shui	**o stress** stress	**a cristaloterapia** crystal healing

o lar
home

a casa • house

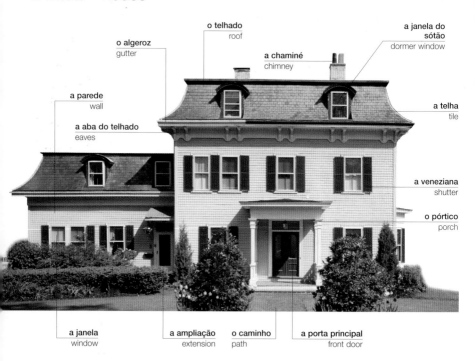

o telhado
roof

a janela do sótão
dormer window

o algeroz
gutter

a chaminé
chimney

a parede
wall

a telha
tile

a aba do telhado
eaves

a veneziana
shutter

o pórtico
porch

a janela
window

a ampliação
extension

o caminho
path

a porta principal
front door

vocabulário • vocabulary

isolada detached	o inquilino tenant	a garagem garage	a caixa do correio letterbox	o alarme anti-roubo burglar alarm	arrendar (v) rent (v)
geminada semidetached	o bangaló bungalow	o sótão attic	a luz da entrada porch light	o pátio courtyard	a renda rent
a moradia urbana townhouse	a cave basement	a divisão room	o senhorio landlord	o soalho floor	em banda terraced

a entrada • entrance

o corrimão
handrail

o patamar
landing

o balaústre
banister

as escadas
staircase

o vestíbulo
hallway

a campainha
doorbell

o capacho
doormat

o batente
door knocker

a corrente
door chain

a chave
key

a fechadura
lock

o ferrolho
bolt

o apartamento
• flat

a varanda
balcony

o bloco de apartamentos
block of flats

o intercomunicador
intercom

o elevador
lift

as instalações internas • internal systems

a palheta
blade

a ventoinha
fan

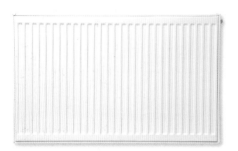

o radiador
radiator

o aquecedor
heater

o convector
convector heater

a electricidade • electricity

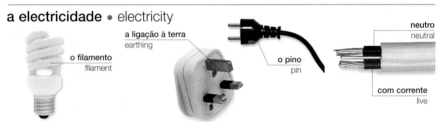

o filamento
filament

a lâmpada económica
energy-saving bulb

a ligação à terra
earthing

o pino
pin

a ficha | plug

neutro
neutral

com corrente
live

os cabos | wires

---

vocabulário • vocabulary

a tensão voltage	o fusível fuse	a tomada socket	a corrente contínua direct current	o corte de corrente power cut
amp o ampere	a caixa dos fusíveis fuse box	o interruptor switch	o transformador transformer	o fornecimento de electricidade mains supply
a corrente eléctrica power	o gerador generator	a corrente alterna alternating current	o contador da electricidade electricity meter	

---

a canalização • plumbing

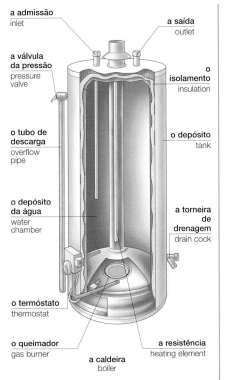

a admissão
inlet

a saída
outlet

a válvula
da pressão
pressure
valve

o
isolamento
insulation

o tubo de
descarga
overflow
pipe

o depósito
tank

o depósito
da água
water
chamber

a torneira
de
drenagem
drain cock

o termóstato
thermostat

o queimador
gas burner

a resistência
heating element

a caldeira
boiler

o lava-loiças • sink

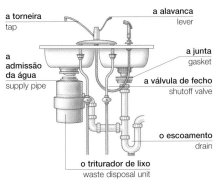

a torneira
tap

a alavanca
lever

a
admissão
da água
supply pipe

a junta
gasket

a válvula de fecho
shutoff valve

o escoamento
drain

o triturador de lixo
waste disposal unit

a sanita • water closet

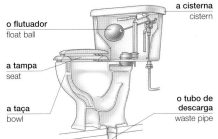

a cisterna
cistern

o flutuador
float ball

a tampa
seat

a taça
bowl

o tubo de
descarga
waste pipe

a eliminação de resíduos • waste disposal

a garrafa
bottle

a tampa
lid

o pedal
pedal

o caixote de
reciclagem
recycling bin

o caixote do lixo
rubbish bin

a unidade de
classificação do lixo
sorting unit

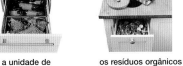

os resíduos orgânicos
organic waste

a sala de estar • living room

o aplique
wall light

a lareira
fireplace

o tecto
ceiling

a jarra
vase

a almofada
cushion

o candeeiro
lamp

a mesa
de café
coffee table

o sofá
sofa

o soalho
floor

a moldura
frame

a cortina
curtain

a cortina de rede
net curtain

o estore veneziano
venetian blind

o estore com rolo
roller blind

o quadro
painting

o friso
moulding

a poltrona
armchair

a estante
bookshelf

o sofá-cama
sofabed

o tapete
rug

o escritório | study

a sala de jantar • dining room

a pimenta
pepper

o sal
salt

a mesa
table

a louça
crockery

os
talheres
cutlery

a cadeira
chair

as costas
back

a cadeira
seat

a perna
leg

---

vocabulário • vocabulary

pôr a mesa (v) lay the table (v)	**faminto** hungry	**o almoço** lunch	**cheio** full	**o anfitrião** host	**Posso repetir, por favor?** Can I have some more, please?
servir (v) serve (v)	**a toalha de mesa** tablecloth	**o jantar** dinner	**a dose** portion	**a anfitriã** hostess	**Estou satisfeito, obrigado.** I've had enough, thank you.
comer (v) eat (v)	**o pequeno-almoço** breakfast	**o individual** place mat	**a refeição** meal	**o convidado** guest	**Estava delicioso.** That was delicious.

a louça e os talheres • crockery and cutlery

a caneca
mug

a chávena de café
coffee cup

a colher de chá
teaspoon

a chávena de chá
teacup

o prato
plate

a taça
bowl

a cafeteira
cafetière

o bule
teapot

o jarro
jug

o oveiro
egg cup

o copo de vinho
wine glass

o copo de água
tumbler

os vidros
glassware

a argola de guardanapo
napkin ring

o prato de pão
side plate

o prato raso
dinner plate

o prato de sopa
soup bowl

a colher de sopa
soup spoon

o garfo
fork

a colher
spoon

a faca
knife

o guardanapo
napkin

o lugar
place setting

a cozinha • kitchen

o exaustor
extractor

as prateleiras
shelves

o resguardo
anti-salpicos
splashback

a torneira
tap

o lava-
loiças
sink

a gaveta
drawer

a placa
vitrocerâmica
ceramic hob

a bancada
worktop

o forno
oven

o armário
cabinet

os electrodomésticos • appliances

a taça
misturadora
mixing bowl

a tampa
lid

o microondas
microwave oven

a lâmina
blade

o fervedor
kettle

a torradeira
toaster

o robot de cozinha
food processor

o liquidificador
blender

a máquina de lavar
loiça
dishwasher

a máquina
de cubos
de gelo
ice maker

o frigorífico
refrigerator

a prateleira
shelf

o congelador
freezer

a caixa dos
legumes
crisper

o frigorífico-congelador | fridge-freezer

vocabulário • vocabulary

o escorredor draining board	congelar (v) freeze (v)
o queimador burner	descongelar (v) defrost (v)
o fogão hob	cozer ao vapor (v) steam (v)
o caixote do lixo rubbish bin	saltear (v) sauté (v)

cozinhar • cooking

pelar (v)
peel (v)

cortar (v)
slice (v)

ralar (v)
grate (v)

deitar (v)
pour (v)

misturar (v)
mix (v)

bater (v)
whisk (v)

ferver (v)
boil (v)

fritar (v)
fry (v)

estender com o rolo (v)
roll (v)

mexer (v)
stir (v)

cozer em fogo
lento (v)
simmer (v)

escalfar (v)
poach (v)

cozer no forno (v)
bake (v)

assar (v)
roast (v)

grelhar (v)
grill (v)

os utensílios de cozinha • kitchenware

a faca de pão
bread knife

a tábua para cortar
chopping board

a faca de cozinha
kitchen knife

o cutelo
cleaver

o afiador de facas
knife sharpener

o martelo de carne
meat tenderizer

o espeto
skewer

o pilão
pestle

o pelador
peeler

o descaroçador de maçãs
apple corer

o ralador
grater

o almofariz
mortar

o esmagador de batata
masher

o abre-latas
can opener

o tira-cápsulas
bottle opener

o esmagador de alhos
garlic press

a colher de servir
serving spoon

a espátula de peixe
fish slice

o coador
colander

a espátula
spatula

a colher de pau
wooden spoon

a colher perfurada
slotted spoon

a concha
ladle

o garfo de trinchar
carving fork

a colher para gelado
scoop

o batedor de arames
whisk

o passador
sieve

a tampa
lid

antiaderente
non-stick

a frigideira
frying pan

a caçarola
saucepan

o grelhador
grill pan

o wok
wok

a caçarola de barro
earthenware dish

de vidro
glass

**resistente
ao forno**
ovenproof

a tigela
mixing bowl

a forma de suflé
soufflé dish

a travessa para gratinar
gratin dish

a forma individual
ramekin

a caçarola
casserole dish

a pastelaria • baking cakes

a balança
scales

o jarro graduado
measuring jug

a forma de bolos
cake tin

a forma de tarte
pie tin

a forma de pudim
flan tin

o pincel para massa
pastry brush

o rolo de massa | rolling pin

o saco de pasteleiro
piping bag

**o tabuleiro para
queques**
muffin tray

**o tabuleiro de
forno**
baking tray

a grelha
cooling rack

a luva de forno
oven glove

o avental
apron

o quarto de dormir • bedroom

o guarda-fatos
wardrobe

o candeeiro
de mesa-de-
cabeceira
bedside lamp

a cabeceira
headboard

a mesa-de-cabeceira
bedside table

a cómoda
chest of drawers

| a gaveta | a cama | o colchão | a colcha | a almofada |
| drawer | bed | mattress | bedspread | pillow |

o saco de água
quente
hot-water bottle

o rádio
despertador
clock radio

o relógio
despertador
alarm clock

a caixa de lenços
de papel
box of tissues

o cabide
coat hanger

a roupa de cama • bed linen

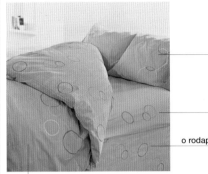

o espelho
mirror

o toucador
dressing table

a fronha
pillowcase

o lençol
sheet

o rodapé da cama
valance

o edredão
duvet

a coberta acolchoada
quilt

o cobertor
blanket

o soalho
floor

---

vocabulário • vocabulary

a cama de solteiro single bed	**os pés da cama** footboard	**a insónia** insomnia	**acordar (v)** wake up (v)	**pôr o despertador para tocar (v)** set the alarm (v)
a cama de casal double bed	**a mola** spring	**deitar-se (v)** go to bed (v)	**levantar-se (v)** get up (v)	**ressonar (v)** snore (v)
o cobertor eléctrico electric blanket	**a alcatifa** carpet	**ir dormir (v)** go to sleep (v)	**fazer a cama (v)** make the bed (v)	**o roupeiro embutido** built-in wardrobe

a casa de banho • bathroom

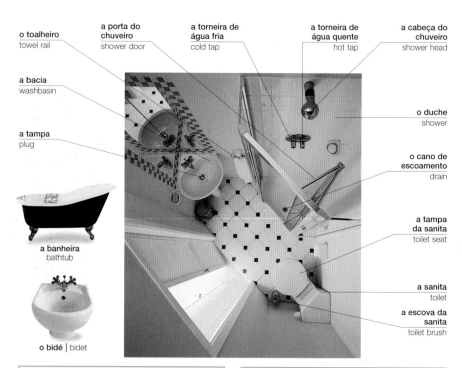

o toalheiro
towel rail

a porta do chuveiro
shower door

a torneira de água fria
cold tap

a torneira de água quente
hot tap

a cabeça do chuveiro
shower head

a bacia
washbasin

a tampa
plug

o duche
shower

o cano de escoamento
drain

a tampa da sanita
toilet seat

a sanita
toilet

a escova da sanita
toilet brush

a banheira bathtub

o bidé | bidet

vocabulário • vocabulary

o armário de medicamentos
medicine cabinet

o rolo de papel higiénico
toilet roll

o tapete de banheira
bath mat

a cortina do chuveiro
shower curtain

tomar um duche (v)
take a shower (v)

tomar um banho (v)
take a bath (v)

a higiene dental • dental hygiene

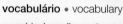

a escova de dentes
toothbrush

o fio dentário
dental floss

a pasta de dentes
toothpaste

o elixir bucal
mouthwash

a esponja
sponge

a pedra-pomes
pumice stone

a escova para as costas
back brush

o desodorizante
deodorant

a saboneteira
soap dish

o gel de duche
shower gel

o sabonete
soap

o creme para a cara
face cream

o gel de banho
bubble bath

a toalha
de mãos
hand towel

a toalha de
banho
bath towel

as toalhas
towels

a loção de corpo
body lotion

o pó de talco
talcum powder

o roupão de banho
bathrobe

a barba • shaving

a máquina de
barbear
electric razor

a lâmina de
barbear
razor blade

a espuma de barbear
shaving foam

a gilete descartável
disposable razor

o aftershave
aftershave

o quarto das crianças • nursery

o cuidado do bebé • baby care

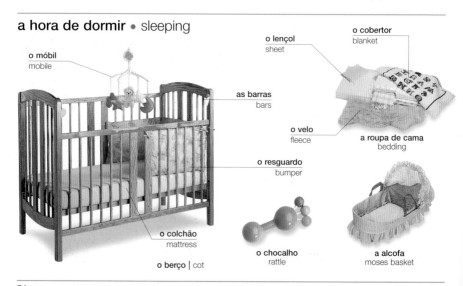

o creme para as assaduras
nappy rash cream

a toalhita húmida
wet wipe

a esponja
sponge

a banheira do bebé
baby bath

o bacio
potty

o muda-fraldas
changing mat

a hora de dormir • sleeping

o móbil
mobile

o lençol
sheet

o cobertor
blanket

as barras
bars

o velo
fleece

a roupa de cama
bedding

o resguardo
bumper

o colchão
mattress

o berço | cot

o chocalho
rattle

a alcofa
moses basket

os jogos • playing

a boneca
doll

o peluche
soft toy

a casa de bonecas
doll's house

a casa de brincar
playhouse

o ursinho de peluche
teddy bear

o brinquedo
toy

a bola
ball

o cesto dos brinquedos
toy basket

o parque
playpen

a segurança • safety

o fecho de segurança
child lock

o monitor de bebé
baby monitor

a grade de segurança
stair gate

a comida • eating

a cadeira da papa
high chair

a tetina
teat

a caneca
drinking cup

o biberão
bottle

o passeio • going out

a cadeirinha
pushchair

a capota
hood

o carrinho
pram

o porta-bebé
carrycot

a fralda
nappy

o saco do bebé
changing bag

o marsupial
baby sling

a lavandaria • utility room

o tratamento da roupa • laundry

a roupa suja
dirty washing

o cesto da roupa suja
laundry basket

a máquina de lavar roupa
washing machine

a máquina de lavar e secar roupa
washer-dryer

a máquina de secar roupa
tumble dryer

a roupa limpa
clean clothes

o cesto da roupa para engomar
linen basket

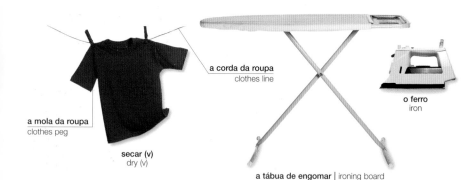

a corda da roupa
clothes line

a mola da roupa
clothes peg

secar (v)
dry (v)

o ferro
iron

a tábua de engomar | ironing board

vocabulário • vocabulary

pôr a roupa na máquina (v)
load (v)

enxaguar (v)
rinse (v)

centrifugar (v)
spin (v)

a centrifugadora
spin dryer

engomar (v)
iron (v)

o amaciador de roupa
conditioner

Como funciona a máquina de lavar?
How do I operate the washing machine?

Qual é o programa para a roupa de cor/branca?
What is the setting for coloureds/whites?

português • english

o equipamento de limpeza • cleaning equipment

o tubo do aspirador
suction hose

a vassourinha
brush

a pá de lixo
dust pan

a lixívia
bleach

o balde
bucket

o pó
powder

o líquido
liquid

o pano
do pó
duster

o aspirador
vacuum cleaner

a esfregona
mop

o detergente
detergent

a cera
polish

as acções • activities

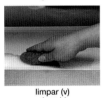

limpar (v)
clean (v)

lavar (v)
wash (v)

passar um pano (v)
wipe (v)

esfregar (v)
scrub (v)

raspar (v)
scrape (v)

a vassoura
broom

varrer (v)
sweep (v)

limpar o pó (v)
dust (v)

dar brilho (v)
polish (v)

a oficina • workshop

o mandril
chuck

a broca
drill bit

a bateria
battery pack

a serra de vaivém
jigsaw

o berbequim recarregável
rechargeable drill

o berbequim eléctrico
electric drill

a pistola de cola
glue gun

a prensa
clamp

a lâmina
blade

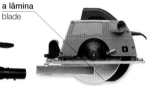

o torno de bancada
vice

a lixadeira
sander

a serra circular
circular saw

a bancada de trabalho
workbench

a cola de madeira
wood glue

o organizador de ferramentas
tool rack

a tupia
router

o berbequim manual
bit brace

as aparas de madeira
wood shavings

a extensão eléctrica
extension lead

as técnicas • techniques

cortar (v)
cut (v)

serrar (v)
saw (v)

furar (v)
drill (v)

martelar (v)
hammer (v)

aplainar (v) | plane (v)

tornear (v) | turn (v)

talhar (v) | carve (v)

a solda
solder

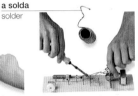

soldar (v) | solder (v)

os materiais • materials

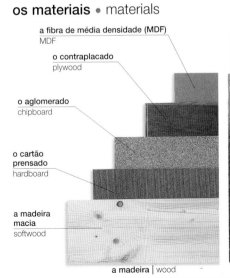

a fibra de média densidade (MDF)
MDF

o contraplacado
plywood

o aglomerado
chipboard

o cartão prensado
hardboard

a madeira macia
softwood

a madeira | wood

a madeira dura
hardwood

o verniz
varnish

o corante de madeiras
woodstain

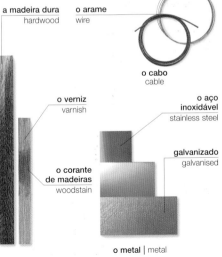

o arame
wire

o cabo
cable

o aço inoxidável
stainless steel

galvanizado
galvanised

o metal | metal

a caixa das ferramentas • toolbox

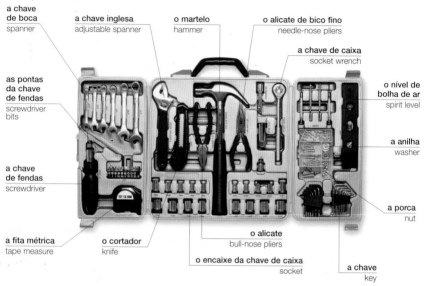

a chave de boca
spanner

a chave inglesa
adjustable spanner

o martelo
hammer

o alicate de bico fino
needle-nose pliers

a chave de caixa
socket wrench

as pontas da chave de fendas
screwdriver bits

o nível de bolha de ar
spirit level

a anilha
washer

a chave de fendas
screwdriver

a porca
nut

a fita métrica
tape measure

o cortador
knife

o alicate
bull-nose pliers

o encaixe da chave de caixa
socket

a chave
key

as brocas • drill bits

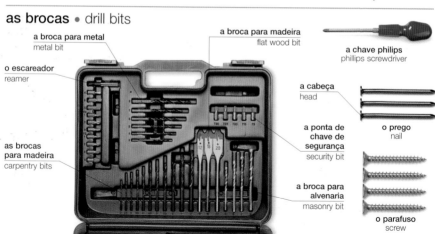

a broca para metal
metal bit

a broca para madeira
flat wood bit

a chave philips
phillips screwdriver

o escareador
reamer

a cabeça
head

a ponta de chave de segurança
security bit

o prego
nail

as brocas para madeira
carpentry bits

a broca para alvenaria
masonry bit

o parafuso
screw

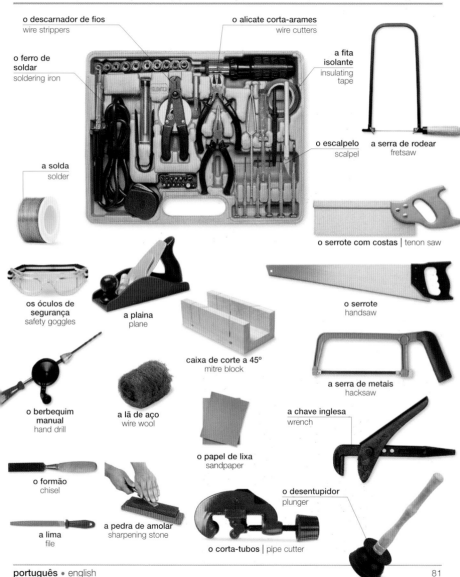

o descarnador de fios
wire strippers

o alicate corta-arames
wire cutters

o ferro de soldar
soldering iron

a fita isolante
insulating tape

a solda
solder

o escalpelo
scalpel

a serra de rodear
fretsaw

o serrote com costas | tenon saw

os óculos de segurança
safety goggles

a plaina
plane

caixa de corte a 45º
mitre block

o serrote
handsaw

o berbequim manual
hand drill

a lã de aço
wire wool

a serra de metais
hacksaw

o papel de lixa
sandpaper

a chave inglesa
wrench

o formão
chisel

a pedra de amolar
sharpening stone

o desentupidor
plunger

a lima
file

o corta-tubos | pipe cutter

a decoração • decorating

a tesoura
scissors

o x-acto
craft knife

o fio de prumo
plumb line

o raspador
scraper

o pintor
decorator

o papel de parede
wallpaper

o escadote
stepladder

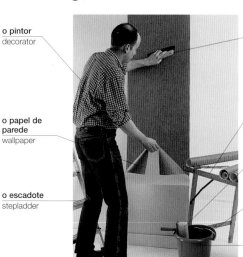

a trincha de alisar o papel
wallpaper brush

a mesa de colar
pasting table

a trincha da cola
pasting brush

a cola de papel de parede
wallpaper paste

o balde
bucket

forrar com papel de parede (v) | wallpaper (v)

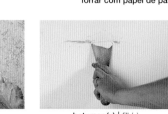

arrancar (v) | strip (v)

betumar (v) | fill (v)

lixar (v) | sand (v)

estucar (v) | plaster (v)

colocar o papel (v) | hang (v)

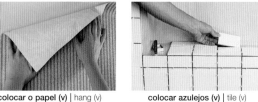

colocar azulejos (v) | tile (v)

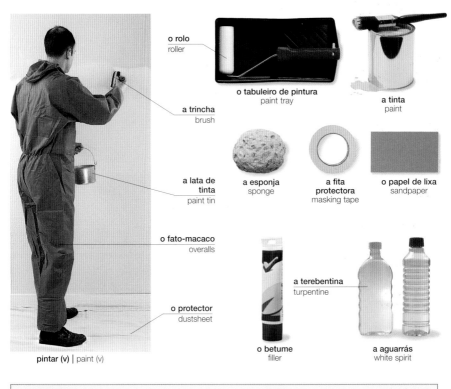

o rolo
roller

o tabuleiro de pintura
paint tray

a tinta
paint

a trincha
brush

a esponja
sponge

a fita
protectora
masking tape

o papel de lixa
sandpaper

a lata de
tinta
paint tin

o fato-macaco
overalls

a terebentina
turpentine

o protector
dustsheet

o betume
filler

a aguarrás
white spirit

pintar (v) | paint (v)

vocabulário • vocabulary

o estuque plaster	com brilho gloss	o papel com relevo embossed paper	a primeira demão undercoat	o vedante sealant
o verniz varnish	mate mat	o papel de base lining paper	a última demão top coat	o dissolvente solvent
a tinta de água emulsion	o stencil stencil	o primário primer	o conservante preservative	a mistura para juntas grout

o jardim • garden

os estilos de jardim • garden styles

o pátio ajardinado | patio garden

o jardim de terraço
roof garden

o jardim de pedras
rock garden

o pátio | courtyard

o jardim clássico | formal garden

o jardim campestre
cottage garden

o jardim de plantas herbáceas
herb garden

o jardim aquático
water garden

os adornos para o jardim • garden features

o cesto de pendurar
hanging basket

a treliça | trellis

a pérgola
pergola

o pavimento
paving

o caminho
path

o monte de
adubo natural
compost heap

o canteiro
de flores
flowerbed

o portão
gate

o solo •
soil

a camada superior
topsoil

a areia
sand

a greda
chalk

a barraca
shed

o relvado
lawn

a estufa
greenhouse

o lago
pond

a vedação
fence

o silte
silt

a sebe
hedge

o arco
arch

a horta
vegetable
garden

o canteiro de
plantas herbáceas
herbaceous border

a argila
clay

o deck de madeira
decking

a fonte | fountain

as plantas de jardim • garden plants

os tipos de plantas • types of plants

anual
annual

bienal
biennial

vivaz
perennial

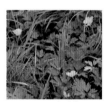

o bolbo
bulb

o feto
fern

o junco
rush

o bambu
bamboo

as ervas daninhas
weeds

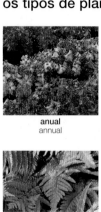

a erva aromática
herb

a planta aquática
water plant

a árvore
tree

a palmeira
palm

a conífera
conifer

de folha persistente
evergreen

de folha caduca
deciduous

a topiária
topiary

a planta alpina
alpine

a planta suculenta
succulent

o cacto
cactus

a planta de vaso
potted plant

a planta de sombra
shade plant

a trepadeira
climber

o arbusto que dá flores
flowering shrub

a vegetação de cobertura
ground cover

a planta rasteira
creeper

ornamental
ornamental

a relva
grass

as ferramentas de jardim • garden tools

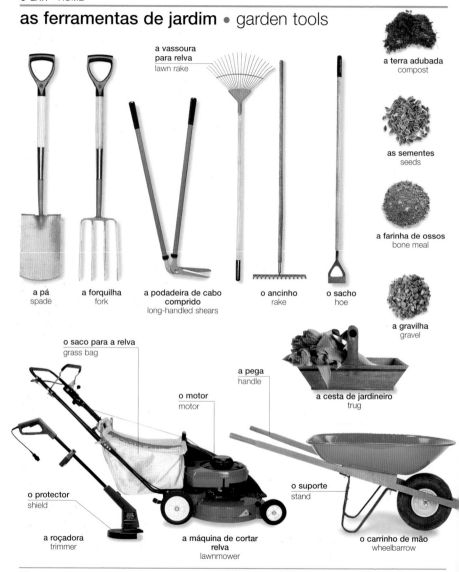

a vassoura
para relva
lawn rake

a terra adubada
compost

as sementes
seeds

a farinha de ossos
bone meal

a pá
spade

a forquilha
fork

a podadeira de cabo
comprido
long-handled shears

o ancinho
rake

o sacho
hoe

a gravilha
gravel

o saco para a relva
grass bag

a pega
handle

o motor
motor

a cesta de jardineiro
trug

o protector
shield

o suporte
stand

a roçadora
trimmer

a máquina de cortar
relva
lawnmower

o carrinho de mão
wheelbarrow

o garfo para flores
hand fork

a tesoura de podar
secateurs

as luvas de jardinagem
gardening gloves

a colher de
transplante
trowel

o tabuleiro de
germinação
seed tray

a guita
twine

as etiquetas
labels

os atilhos
de arame
twist ties

a lâmina
blade

as canas
canes

as anilhas
ring ties

a tesoura de jardim
shears

o pesticida
pesticide

o crivo
sieve

o vaso
plant pot

as botas de borracha
rubber boots

a serra manual
handsaw

a rega • watering

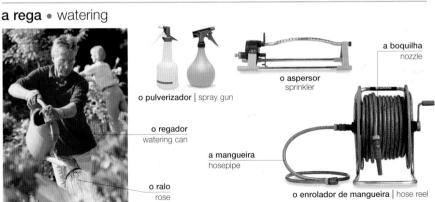

o pulverizador | spray gun

o aspersor
sprinkler

a boquilha
nozzle

o regador
watering can

a mangueira
hosepipe

o ralo
rose

o enrolador de mangueira | hose reel

a jardinagem • gardening

a relva
lawn

o canteiro
de flores
flowerbed

a máquina
de cortar
relva
lawnmower

a sebe
hedge

a estaca
stake

cortar a relva (v) | mow (v)

cobrir de relva (v)
turf (v)

arejar a relva (v)
spike (v)

**raspar com a vassoura
de relva (v)**
rake (v)

podar (v)
trim (v)

cavar (v)
dig (v)

semear (v)
sow (v)

adubar à superfície (v)
top dress (v)

regar (v)
water (v)

a cana
cane

guiar (v)
train (v)

tirar as flores mortas (v)
deadhead (v)

pulverizar (v)
spray (v)

enxertar (v)
graft (v)

a estaca
cutting

propagar (v)
propagate (v)

podar (v)
prune (v)

estacar (v)
stake (v)

transplantar (v)
transplant (v)

mondar (v)
weed (v)

cobrir a terra (v)
mulch (v)

colher (v)
harvest (v)

vocabulário • vocabulary

cultivar (v) cultivate (v)	**desenhar (v)** landscape (v)	**fertilizar (v)** fertilize (v)	**peneirar (v)** sieve (v)	**orgânico** organic	**a plântula** seedling	**o subsolo** subsoil
cuidar (v) tend (v)	**mudar de vaso (v)** pot up (v)	**apanhar (v)** pick (v)	**arejar (v)** aerate (v)	**a drenagem** drainage	**o adubo** fertilizer	**o herbicida** weedkiller

os serviços
services

os serviços de emergência • emergency services

a ambulância • ambulance

a ambulância | ambulance

a maca
stretcher

o paramédico | paramedic

a polícia • police

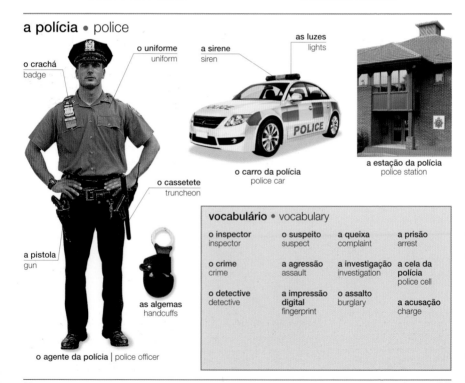

o crachá
badge

o uniforme
uniform

a sirene
siren

as luzes
lights

o carro da polícia
police car

a estação da polícia
police station

o cassetete
truncheon

a pistola
gun

as algemas
handcuffs

o agente da polícia | police officer

vocabulário • vocabulary

o inspector inspector	o suspeito suspect	a queixa complaint	a prisão arrest
o crime crime	a agressão assault	a investigação investigation	a cela da **polícia** police cell
o detective detective	a impressão **digital** fingerprint	o assalto burglary	a acusação charge

os bombeiros • fire brigade

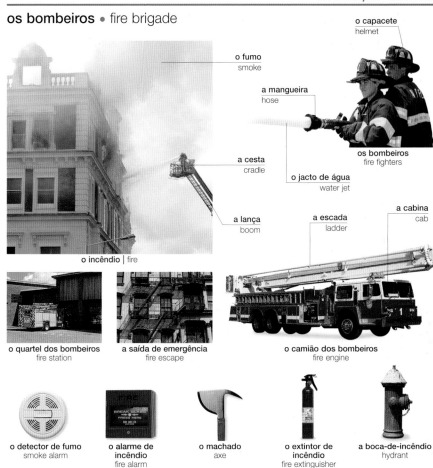

o capacete
helmet

o fumo
smoke

a mangueira
hose

a cesta
cradle

os bombeiros
fire fighters

o jacto de água
water jet

a cabina
cab

a escada
ladder

a lança
boom

o incêndio | fire

o quartel dos bombeiros
fire station

a saída de emergência
fire escape

o camião dos bombeiros
fire engine

o detector de fumo
smoke alarm

o alarme de
incêndio
fire alarm

o machado
axe

o extintor de
incêndio
fire extinguisher

a boca-de-incêndio
hydrant

Preciso da polícia / dos bombeiros / de uma ambulância. I need the police/fire brigade/ ambulance.	Há um incêndio em… There's a fire at…	Houve um acidente. There's been an accident.	Chame a polícia! Call the police!

o banco • bank

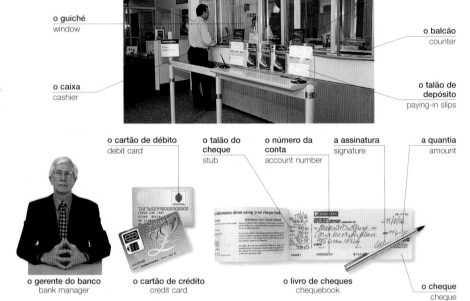

o cliente
customer

o guiché
window

o caixa
cashier

os folhetos
leaflets

o balcão
counter

o talão de depósito
paying-in slips

o cartão de débito
debit card

o talão do cheque
stub

o número da conta
account number

a assinatura
signature

a quantia
amount

o gerente do banco
bank manager

o cartão de crédito
credit card

o livro de cheques
chequebook

o cheque
cheque

vocabulário • vocabulary

as poupanças savings	a hipoteca mortgage	o pagamento payment	depositar (v) pay in (v)	a conta corrente current account
o imposto tax	o descoberto overdraft	o débito directo direct debit	o encargo bancário bank charge	a conta de poupança savings account
o empréstimo loan	a taxa de juro interest rate	o talão de levantamento withdrawal slip	a transferência bancária bank transfer	o número do código secreto pin number

a moeda
coin

a nota
note

o dinheiro
money

o ecrã
screen

a ranhura do
cartão
card slot

o teclado
key pad

o caixa automático
cash machine

as divisas • foreign currency

o serviço de câmbio
bureau de change

o cheque de viagem
traveller's cheque

a taxa de câmbio
exchange rate

vocabulário • vocabulary

levantar (v) cash (v)	**as acções** shares
a divisa denomination	**os dividendos** dividends
a comissão commission	**o contabilista** accountant
o investimento investment	**a carteira** portfolio
os títulos stocks	**os capitais próprios** equity

Posso cambiar isto, por favor?
Can I change this please?

Qual é a taxa de câmbio de hoje?
What's today's exchange rate?

as finanças • finance

a cotação das
acções
share price

o corretor da
bolsa
stockbroker

a assessora financeira
financial advisor

a bolsa de valores
stock exchange

as comunicações • communications

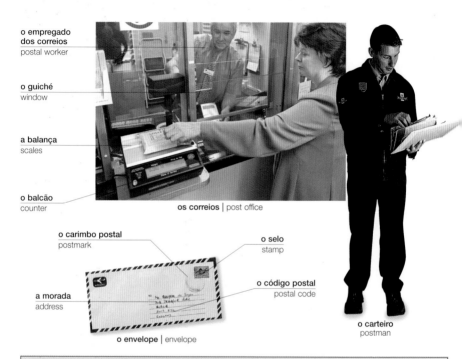

o empregado dos correios
postal worker

o guiché
window

a balança
scales

o balcão
counter

os correios | post office

o carimbo postal
postmark

o selo
stamp

a morada
address

o código postal
postal code

o carteiro
postman

o envelope | envelope

---

vocabulário • vocabulary

a carta letter	a morada do remetente return address	a entrega delivery	frágil fragile	não dobrar (v) do not bend (v)
por avião by airmail	a assinatura signature	o vale postal postal order	o saco do correio mailbag	para cima this way up
correio registado registered post	a recolha collection	a franquia postage	o telegrama telegram	o fax fax

---

o marco de correio
postbox

a caixa de correio
letterbox

a encomenda
parcel

o mensageiro
courier

o telefone • telephone

o auscultador
handset

a base
base station

o telefone sem fios
cordless phone

o gravador de chamadas
answering machine

o videotelefone
video phone

a cabina telefónica
telephone box

o teclado
keypad

o smartphone
smartphone

o telemóvel
mobile phone

o auricular
receiver

as moedas devolvidas
coin return

o telefone público
payphone

---

vocabulário • vocabulary

o serviço de informações
directory enquiries

a chamada paga no destino
reverse charge call

marcar (v)
dial (v)

atender (v)
answer (v)

a mensagem
text

a mensagem de voz
voice message

o telefonista
operator

ocupado
engaged/busy

desligado
disconnected

a app
app

a senha
passcode

Poderia dar-me o número de...?
Can you give me the number for...?

Qual é o indicativo para...?
What is the dialling code for...?

Envia-me uma mensagem!
Text me!

---

o hotel • hotel
o lóbi • lobby

as mensagens
messages

o hóspede
guest

a chave do quarto
room key

o cacifo
pigeonhole

a recepcionista
receptionist

o livro de
registo
register

o balcão
counter

a recepção | reception

o porteiro | porter

a bagagem
luggage

o carrinho
trolley

o elevador | lift

o número do quarto
room number

os quartos • rooms

o quarto individual
single room

o quarto duplo
double room

o quarto com duas camas
twin room

a casa de banho
privativa
private bathroom

os serviços • services

o serviço de limpeza
maid service

o serviço de lavandaria
laundry service

a bandeja do pequeno-almoço
breakfast tray

o serviço de quarto | room service

o minibar
mini bar

o restaurante
restaurant

o ginásio
gym

a piscina
swimming pool

vocabulário • vocabulary

o quarto com pequeno-almoço
bed and breakfast

a pensão completa
full board

a meia pensão
half board

Tem quartos livres?
Do you have any vacancies?

Tenho uma reserva.
I have a reservation.

Queria um quarto individual.
I'd like a single room.

Queria um quarto para três noites.
I'd like a room for three nights.

Quanto é a diária?
What is the charge per night?

A que horas tenho que sair do quarto?
When do I have to vacate the room?

as compras
shopping

o centro comercial • shopping centre

o átrio
atrium

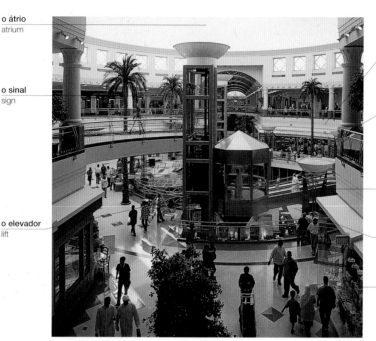

o segundo andar
second floor

o primeiro andar
first floor

o sinal
sign

as escadas rolantes
escalator

o elevador
lift

o rés-do-chão
ground floor

o cliente
customer

vocabulário • vocabulary

a secção de criança children's department	a planta do centro store directory	as cabinas de prova changing rooms	Quanto custa isto? How much is this?
a secção de bagagens luggage department	o empregado sales assistant	o fraldário baby changing facilities	Posso trocar isto? May I exchange this?
a secção de sapataria shoe department	os serviços de atendimento ao cliente customer services	as casas de banho toilets	

os grandes armazéns • department store

a roupa de homem
men's wear

a roupa de senhora
women's wear

a lingerie
lingerie

a perfumaria
perfumery

os produtos de beleza
beauty

os têxteis para o lar
linen

as mobílias e a decoração
home furnishings

a retrosaria
haberdashery

o equipamento de cozinha
kitchenware

a loiça
china

os aparelhos eléctricos
electrical goods

a iluminação
lighting

os artigos desportivos
sports

os brinquedos
toys

os artigos de escritório
stationery

o supermercado
food hall

o supermercado • supermarket

a correia transportadora
conveyer belt

o caixa
cashier

as ofertas
offers

o corredor
aisle

a prateleira
shelf

a caixa | checkout

o cliente
customer

a caixa
registadora
till

o saco de
compras
shopping bag

as mercearias
groceries

a pega
handle

o código de barras
bar code

780863 185779

o carrinho | trolley

o cesto | basket

o scanner | scanner

a padaria
bakery

os lacticínios
dairy

os cereais
cereals

as conservas
tinned food

a confeitaria
confectionery

os legumes
vegetables

a fruta
fruit

a carne e as aves
meat and poultry

o peixe
fish

a charcutaria
deli

os congelados
frozen food

a comida pronta
convenience food

as bebidas
drinks

**os produtos de
limpeza**
household products

**os artigos de
higiene pessoal**
toiletries

**os artigos para
bebé**
baby products

**os
electrodomésticos**
electrical goods

**a comida para
animais**
pet food

as revistas | magazines

a farmácia • chemist

os cuidados
dentários
dental care

a higiene
feminina
feminine
hygiene

os desodorizantes
deodorants

as vitaminas
vitamins

o dispensário
dispensary

o farmacêutico
pharmacist

o xarope para a tosse
cough medicine

os medicamentos
fitoterápicos
herbal remedies

os cuidados da pele
skin care

o creme
pós-solar
aftersun

o protector solar
sunscreen

o creme protector total
sunblock

o repelente de insectos
insect repellent

a toalhita húmida
wet wipe

o lenço de papel
tissue

o penso higiénico
sanitary towel

o tampão
tampon

o protege-slip
panty liner

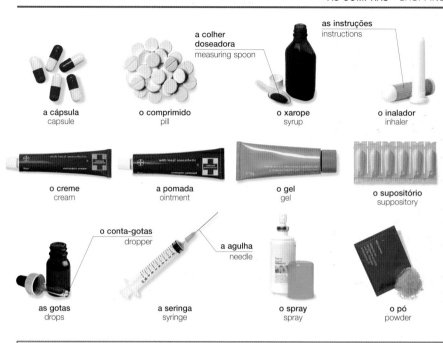

a cápsula
capsule

o comprimido
pill

a colher
doseadora
measuring spoon

as instruções
instructions

o xarope
syrup

o inalador
inhaler

o creme
cream

a pomada
ointment

o gel
gel

o supositório
suppository

o conta-gotas
dropper

a agulha
needle

as gotas
drops

a seringa
syringe

o spray
spray

o pó
powder

---

vocabulário • vocabulary

o ferro iron	**a insulina** insulin	**descartável** disposable	**o medicamento** medicine	**o analgésico** painkiller
o cálcio calcium	**os efeitos secundários** side-effects	**solúvel** soluble	**o laxativo** laxative	**o sedativo** sedative
o magnésio magnesium	**o prazo de validade** expiry date	**a dose** dosage	**a diarreia** diarrhoea	**o comprimido para dormir** sleeping pill
as multivitaminas multivitamins	**os comprimidos para o enjoo** travel sickness pills	**a medicação** medication	**a pastilha para a garganta** throat lozenge	**o anti-inflamatório** anti-inflammatory

---

a florista • florist

as flores
flowers

o lírio
lily

a acácia
acacia

o cravo
carnation

a planta de vaso
pot plant

o gladíolo
gladiolus

a íris
iris

a margarida
daisy

o crisântemo
chrysanthemum

a gipsófila
gypsophila

o goivo	a gerbera	a folhagem	a rosa	a frésia
stocks	gerbera	foliage	rose	freesia

a jarra
vase

os arranjos • arrangements

a orquídea
orchid

a peónia
peony

a fita
ribbon

o buquê
bouquet

as flores secas
dried flowers

o pot-pourri | pot-pourri

a coroa | wreath

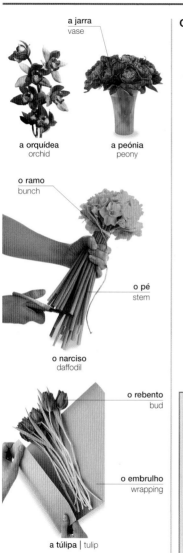

o ramo
bunch

o pé
stem

o narciso
daffodil

o rebento
bud

o embrulho
wrapping

a túlipa | tulip

a grinalda
garland

Posso juntar uma mensagem? Can I attach a message?	**Quanto tempo durarão estas?** How long will these last?
São perfumadas? Are they fragrant?	**Pode enviá-las para...?** Can you send them to....?
Podia embrulhar-mas? Can I have them wrapped?	**Podia dar-me um ramo de..., por favor?** Can I have a bunch of... please?

o vendedor de jornais • newsagent

os cigarros
cigarettes

o maço de cigarros
packet of cigarettes

os selos
stamps

o bilhete postal
postcard

a revista de banda
desenhada
comic

a revista
magazine

o jornal
newspaper

fumar • smoking

a haste
stem

o tabaco
tobacco

o isqueiro
lighter

o fornilho
bowl

o cachimbo
pipe

o charuto
cigar

o vendedor de doces • confectioner

a caixa de chocolates
box of chocolates

a barrita
de snack
snack bar

as batatas fritas
de pacote
crisps

a loja de doces | sweet shop

vocabulário • vocabulary

o chocolate de leite
milk chocolate

o caramelo
caramel

o chocolate preto
plain chocolate

a trufa
truffle

o chocolate branco
white chocolate

a bolacha
biscuit

os doces a granel
pick and mix

os rebuçados
boiled sweets

os doces • confectionery

o chocolate
chocolate

a tablete de chocolate
chocolate bar

os rebuçados
sweets

o chupa-chupa
lollipop

o caramelo | toffee

o torrão | nougat

a goma marshmallow
marshmallow

o rebuçado de menta
mint

a pastilha elástica
chewing gum

as gomas em forma
de feijão
jellybean

as gomas de fruta
fruit gum

o alcaçuz
licquorice

as outras lojas • other shops

a padaria
baker's

a confeitaria
cake shop

o talho
butcher's

a peixaria
fishmonger's

a loja de frutas e legumes
greengrocer's

a mercearia
grocer's

a sapataria
shoe shop

a loja de ferragens
hardware shop

a loja de antiguidades
antiques shop

a loja de artigos de oferta
gift shop

a agência de viagens
travel agent's

a joalharia
jeweller's

a livraria
book shop

a loja de discos
record shop

a loja de bebidas
alcoólicas
off licence

a loja de animais de
estimação
pet shop

a loja de mobílias
furniture shop

a boutique
boutique

vocabulário • vocabulary

o agente imobiliário
estate agent's

o centro de
jardinagem
garden centre

a tinturaria
dry cleaner's

a lavandaria
automática
launderette

a loja de artigos
fotográficos
camera shop

a loja de produtos
naturais
health food shop

a loja de materiais de arte
art shop

a loja de artigos usados
second-hand shop

o alfaiate
tailor's

o cabeleireiro
hairdresser's

o mercado | market

os alimentos
food

a carne • meat

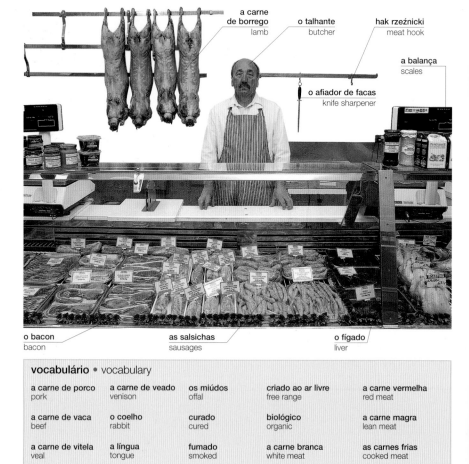

a carne de borrego
lamb

o talhante
butcher

hak rzeźnicki
meat hook

a balança
scales

o afiador de facas
knife sharpener

o bacon
bacon

as salsichas
sausages

o fígado
liver

vocabulário • vocabulary

a carne de porco pork	a carne de veado venison	os miúdos offal	criado ao ar livre free range	a carne vermelha red meat
a carne de vaca beef	o coelho rabbit	curado cured	biológico organic	a carne magra lean meat
a carne de vitela veal	a língua tongue	fumado smoked	a carne branca white meat	as carnes frias cooked meat

os cortes de carne • cuts

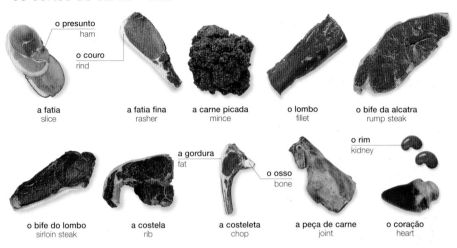

o presunto
ham

o couro
rind

a fatia
slice

a fatia fina
rasher

a carne picada
mince

o lombo
fillet

o bife da alcatra
rump steak

o bife do lombo
sirloin steak

a costela
rib

a gordura
fat

o osso
bone

a costeleta
chop

a peça de carne
joint

o rim
kidney

o coração
heart

a carne de aves • poultry

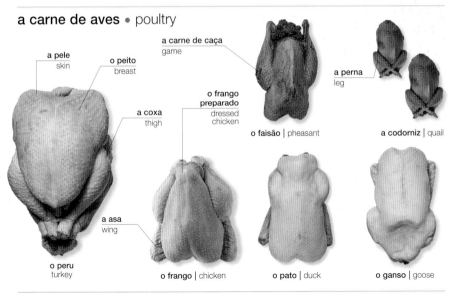

a pele
skin

o peito
breast

a carne de caça
game

a perna
leg

a coxa
thigh

o frango preparado
dressed chicken

o faisão | pheasant

a codorniz | quail

a asa
wing

o peru
turkey

o frango | chicken

o pato | duck

o ganso | goose

o peixe • fish

as gambas peladas
peeled prawns

o gelo
ice

o salmonete
red mullet

os filetes de alabote
halibut fillets

a truta arco-íris
rainbow trout

as abas de raia
skate wings

a peixaria
fishmonger's

o tamboril
monkfish

a cavala
mackerel

a truta
trout

o peixe-espada
swordfish

o linguado
Dover sole

a solha-limão
lemon sole

a arinca
haddock

a sardinha
sardine

a raia
skate

o badejo
whiting

o robalo
sea bass

o salmão | salmon

o bacalhau
cod

o pargo
sea bream

o atum
tuna

os mariscos • seafood

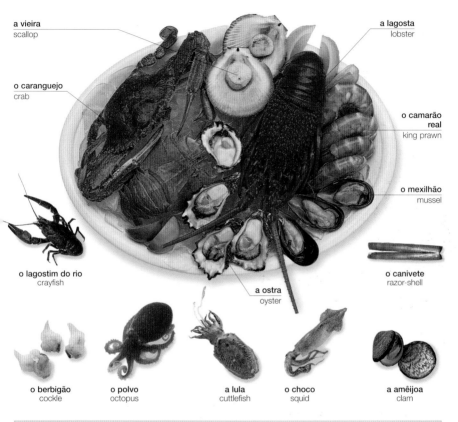

a vieira
scallop

o caranguejo
crab

o lagostim do rio
crayfish

a lagosta
lobster

o camarão
real
king prawn

o mexilhão
mussel

o canivete
razor-shell

a ostra
oyster

o berbigão
cockle

o polvo
octopus

a lula
cuttlefish

o choco
squid

a amêijoa
clam

vocabulário • vocabulary

congelado frozen	limpo cleaned	fumado smoked	escamado descaled	filete fillet	o lombo loin	a cauda tail	a espinha bone	a escama scale
fresco fresh	salgado salted	sem pele skinned	sem espinhas boned	em filetes filleted	a posta steak	Pode limpar-mo? Will you clean it for me?		

os legumes 1 • vegetables 1

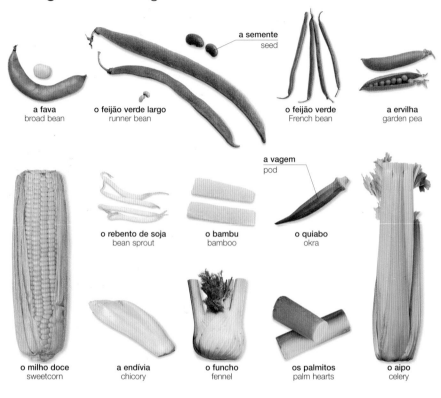

a semente
seed

a fava
broad bean

o feijão verde largo
runner bean

o feijão verde
French bean

a ervilha
garden pea

a vagem
pod

o rebento de soja
bean sprout

o bambu
bamboo

o quiabo
okra

o milho doce
sweetcorn

a endívia
chicory

o funcho
fennel

os palmitos
palm hearts

o aipo
celery

vocabulário • vocabulary

a folha leaf	**a flor** floret	**a ponta** tip	**biológico** organic	**Vende legumes biológicos?** Do you sell organic vegetables?
o caule stalk	**a amêndoa** kernel	**o centro** heart	**o saco plástico** plastic bag	**São produtos locais?** Are these grown locally?

a rúcula
rocket

o agrião
watercress

a couve roxa
radicchio

a couve-de-bruxelas
brussel sprout

a acelga
swiss chard

a couve frisada
kale

a azeda
sorrel

a endívia
endive

o dente-de-leão
dandelion

o espinafre
spinach

a couve-rábano
kohlrabi

a couve chinesa
pak-choi

a alface
lettuce

os brócolos
broccoli

a couve
cabbage

a couve penca
spring greens

os legumes 2 • vegetables 2

o nabo
turnip

a alcachofra
artichoke

o rabanete
radish

a couve-flor
cauliflower

os espargos
asparagus

a batata
potato

a abóbora
-menina
marrow

a cebola
onion

o pimento
pepper

a malagueta
chilli

o milho-doce
sweetcorn

vocabulário • vocabulary

o tomate cereja cherry tomato	o aipo-rábano celeriac	congelado frozen	amargo bitter	**Pode dar-me um quilo de batatas, por favor?** Can I have one kilo of potatoes please?
a cenoura carrot	a raiz de taro taro root	cru raw	firme firm	
a fruta-pão breadfruit	a mandioca cassava	picante hot (spicy)	a polpa flesh	**Quanto é o quilo?** What's the price per kilo?
a batata nova new potato	a castanha- de-água water chestnut	doce sweet	a raiz root	**Como se chamam esses?** What are those called?

a batata doce
sweet potato

o inhame
yam

a beterraba
beetroot

a couve-nabo
swede

a alcachofra
Jerusalem artichoke

o rábano picante
horseradish

a pastinaga
parsnip

o gengibre
ginger

a beringela
aubergine

o tomate
tomato

o cebolinho
spring onion

o alho francês
leek

a chalota
shallot

o dente
clove

o alho
garlic

a trufa
truffle

o cogumelo
mushroom

o pepino
cucumber

a curgete
courgette

a cabaça
butternut squash

a abóbora-porqueira
acorn squash

a abóbora
pumpkin

a fruta 1 • fruit 1

os citrinos • citrus fruit

a laranja
orange

a clementina
clementine

o ugli
ugli friut

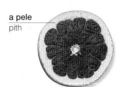
a pele
pith

a toranja
grapefruit

o gomo
segment

a satsuma
satsuma

a tangerina
tangerine

a casca
zest

a lima
lime

o limão
lemon

o kumquat
kumquat

a fruta com caroço • stoned fruit

o pêssego
peach

a nectarina
nectarine

o alperce
apricot

a ameixa
plum

a cereja
cherry

a pêra
pear

a maçã
apple

o cesto de fruta | basket of fruit

as bagas e os melões • berries and melons

o morango
strawberry

a framboesa
raspberry

o melão
melon

a uva
grapes

a amora
blackberry

a groselha vermelha
redcurrant

a casca
rind

a uva-dos-montes
cranberry

a groselha negra
blackcurrant

a semente
seed

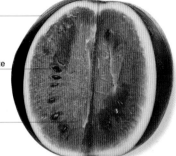

a polpa
flesh

o mirtilo
blueberry

a groselha branca
white currant

a melancia
watermelon

a framboesa silvestre
loganberry

a groselha-espim
gooseberry

vocabulário • vocabulary

o ruibarbo rhubarb	**ácido** sour	**viçoso** crisp	**o sumo** juice	**Estão maduros?** Are they ripe?
a fibra fibre	**fresco** fresh	**podre** rotten	**o coração** core	**Posso provar um?** Can I try one?
doce sweet	**sumarento** juicy	**a polpa** pulp	**sem grainhas** seedless	**Quanto tempo durarão?** How long will they keep?

a fruta 2 • fruit 2

a manga
mango

o ananás
pineapple

o abacate
avocado

a papaia
papaya

o pêssego
peach

a líchia
lychee

o kiwi
kiwifruit

o alquequenje
cape gooseberry

a pevide
pip

a casca
skin

o marmelo
quince

o maracujá
passion fruit

a banana
banana

a goiaba
guava

a romã
pomegranate

o dióspiro
persimmon

a feijoa
feijoa

o figo da Índia
prickly pear

a carambola
starfruit

o tamarillo
tamarillo

os frutos secos • nuts and dried fruit

o pinhão
pine nut

o pistácio
pistachio

o caju
cashewnut

o amendoim
peanut

a avelã
hazelnut

a castanha-do-pará
brazilnut

a noz pecan
pecan

a amêndoa
almond

a noz
walnut

a castanha
chestnut

a macadâmia
macadamia

o figo
fig

a tâmara
date

a ameixa seca
prune

a casca
shell

a sultana
sultana

a passa
raisin

a passa de Corinto
currant

a polpa
flesh

o coco
coconut

vocabulário • vocabulary

verde green	duro hard	a amêndoa kernel	salgado salted	torrado roasted	pelado shelled	a fruta cristalizada candied fruit
maduro ripe	mole soft	desidratado desiccated	cru raw	da estação seasonal	inteiro whole	a fruta tropical tropical fruit

os grãos e as leguminosas • grains and pulses

os grãos • grains

o trigo
wheat

a aveia
oats

a cevada
barley

o milho-miúdo
millet

o milho
corn

a quinoa
quinoa

vocabulário • vocabulary

a semente seed	perfumado fragranced	de fácil cozedura easy cook
a casca husk	o cereal cereal	de grãos longos long-grain
o grão kernel	integral wholegrain	
seco dry	pôr de molho (v) soak (v)	de grãos curtos short-grain
fresco fresh		

o arroz • rice

o arroz branco
white rice

o arroz integral
brown rice

o arroz selvagem
wild rice

o arroz para doce
pudding rice

os grãos processados • processed grains

o cuscuz
couscous

o trigo partido
cracked wheat

a sémola
semolina

o farelo
bran

os feijões e as ervilhas • beans and peas

o feijão manteiga
butter beans

o feijão branco miúdo
haricot beans

o feijão encarnado
red kidney beans

o feijão aduki
aduki beans

as favas
broad beans

o grão de soja
soya beans

o feijão frade
black-eyed beans

o feijão pinto
pinto beans

o feijão mung
mung beans

o feijão branco
flageolet beans

a lentilha castanha
brown lentils

a lentilha vermelha
red lentils

as ervilhas
green peas

os grãos de bico
chick peas

as ervilhas secas
split peas

as sementes • seeds

a semente de abóbora
pumpkin seed

a semente de mostarda
mustard seed

a alcaravia
caraway

a semente de sésamo
sesame seed

a semente de girassol
sunflower seed

as ervas aromáticas e as especiarias • herbs and spices

as especiarias • spices

a baunilha | vanilla

a noz mozcada
nutmeg

o macis
mace

a curcuma
turmeric

os cominhos
cumin

o ramo aromático
bouquet garni

a pimenta da
Jamaica
allspice

a pimenta em grão
peppercorn

o fenacho
fenugreek

o piri-piri
chilli

inteiro
whole

esmagado
crushed

o açafrão
saffron

o cardamomo
cardamom

o pó de caril
curry powder

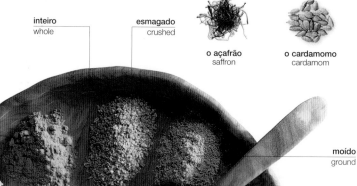

moído
ground

o colorau
paprika

laminado
flakes

o alho
garlic

português • english

as ervas aromáticas • herbs

os paus de canela
sticks

a canela
cinnamon

o funcho
fennel

as sementes de funcho
fennel seeds

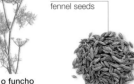

a folha de louro
bay leaf

a salsa
parsley

a citronela
lemon grass

a cebolinha
chives

a hortelã
mint

o tomilho
thyme

a salva
sage

os cravinhos
cloves

o estragão
tarragon

a manjerona
marjoram

o basílico
basil

o anis estrelado
star anise

o gengibre
ginger

os orégãos
oregano

o coentro
coriander

o endro
dill

o rosmaninho
rosemary

os alimentos engarrafados
• bottled foods

o óleo de nozes
walnut oil

o óleo de grainhas de uva
grapeseed oil

a rolha
cork

o óleo de girassol
sunflower oil

o óleo de amêndoas
almond oil

o óleo de sésamo
sesame seed oil

o óleo de avelãs
hazelnut oil

o azeite
olive oil

as ervas aromáticas
herbs

o óleo aromatizado
flavoured oil

os óleos
oils

os doces para barrar
• sweet spreads

o boião
jar

o favo de mel
honeycomb

o mel cremoso
set honey

o creme de limão
lemon curd

a compota de framboesa
raspberry jam

o doce de laranja
marmalade

o mel líquido
clear honey

o xarope de ácer
maple syrup

os condimentos e as pastas de barrar
• condiments and spreads

a mostarda inglesa
English mustard

o frasco
bottle

o vinagre de sidra
cider vinegar

o vinagre balsâmico
balsamic vinegar

o ketchup
ketchup

a mostarda francesa
French mustard

a maionese
mayonnaise

o chutney
chutney

o vinagre de malte
malt vinegar

o vinagre de vinho
wine vinegar

o vinagre
vinegar

o molho
sauce

a mostarda em grão
wholegrain mustard

---

o boião hermético
sealed jar

a manteiga de amendoim
peanut butter

o chocolate de barrar
chocolate spread

a fruta em conserva
preserved fruit

---

os lacticínios • dairy produce

o queijo • cheese

a casca
rind

o queijo semicurado
semi-hard cheese

o queijo ralado
grated cheese

o queijo curado
hard cheese

o queijo semicremoso
semi-soft cheese

o requeijão
cottage cheese

o queijo creme
cream cheese

o queijo azul
blue cheese

o queijo cremoso
soft cheese

o queijo fresco | fresh cheese

o leite • milk

o leite
gordo
whole milk

o leite meio gordo
semi-skimmed milk

o leite magro
skimmed milk

o pacote
de leite
milk carton

o leite de cabra
goat's milk

o leite
condensado
condensed milk

o leite de vaca | cow's milk

a manteiga
butter

a margarina
margarine

a nata
cream

a nata líquida
single cream

a nata gorda
double cream

a nata batida
whipped cream

a nata azeda
sour cream

o iogurte
yoghurt

o gelado
ice-cream

OS OVOS • eggs

a gema
yolk

a clara
egg white

a casca
shell

o oveiro
egg cup

o ovo cozido
boiled egg

o ovo de galinha
hen's egg

o ovo de pata
duck egg

o ovo de gansa
goose egg

o ovo de codorniz
quail egg

vocabulário • vocabulary

pasteurizado pasteurized	**o batido de leite** milkshake	**com sal** salted	**o leite de ovelha** sheep's milk	**a lactose** lactose	**homogeneizado** homogenised
não pasteurizado unpasteurized	**o iogurte congelado** frozen yoghurt	**sem sal** unsalted	**o soro do leite** buttermilk	**sem gordura** fat free	**o leite em pó** powdered milk

os pães e as farinhas • breads and flours

o pão fatiado
sliced bread

as sementes de papoila
poppy seeds

o pão de centeio
rye bread

a baguete
baguette

a padaria | bakery

fazendo pão • making bread

a farinha branca
white flour

a farinha com farelo
brown flour

a farinha integral
wholemeal flour

o fermento
yeast

peneirar (v) | sift (v)

misturar (v) | mix (v)

a massa
dough

amassar (v) | knead (v)

cozer no forno (v) | bake (v)

a crosta
crust

o pão de forma
loaf

a fatia
slice

o pão branco
white bread

o pão escuro
brown bread

o pão integral
wholemeal bread

o pão granary
granary bread

o pão de milho
corn bread

o pão com bicarbonato de soda
soda bread

o pão fermentado
sourdough bread

o pão sem levedura
flatbread

o bagel
bagel

o pãozinho de leite
bap

o pãozinho
roll

o pão de fruta
fruit bread

o pão com sementes
seeded bread

o pão naan
naan bread

o pão pitta
pitta bread

o cracker
crispbread

vocabulário • vocabulary

a farinha para pão strong flour	**subir (v)** rise (v)	**levedar (v)** prove (v)	**o pão ralado** breadcrumbs	**o fatiador** slicer
a farinha com fermento self-raising flour	**a farinha sem fermento** plain flour	**pôr cobertura (v)** glaze (v)	**o entalhe** flute	**o padeiro** baker

os bolos e as sobremesas • cakes and desserts

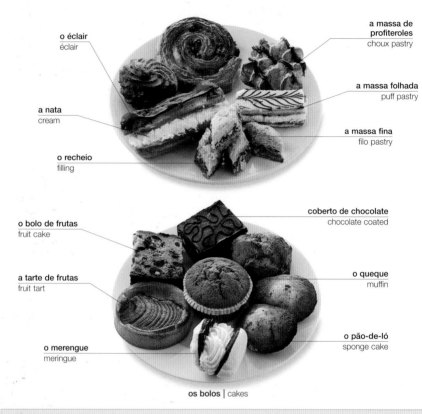

o éclair
éclair

a massa de profiteroles
choux pastry

a massa folhada
puff pastry

a nata
cream

a massa fina
filo pastry

o recheio
filling

coberto de chocolate
chocolate coated

o bolo de frutas
fruit cake

a tarte de frutas
fruit tart

o queque
muffin

o merengue
meringue

o pão-de-ló
sponge cake

os bolos | cakes

vocabulário • vocabulary

o creme pasteleiro crème patisserie	o pãozinho doce bun	a massa pastry	o arroz doce rice pudding	Pode dar-me uma fatia, por favor? May I have a slice please?
o bolo de chocolate chocolate cake	o creme custard	a fatia slice	a celebração celebration	

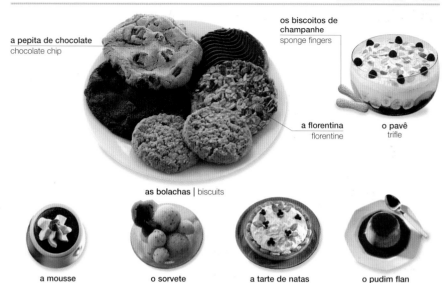

a pepita de chocolate
chocolate chip

os biscoitos de champanhe
sponge fingers

a florentina
florentine

o pavê
trifle

as bolachas | biscuits

a mousse
mousse

o sorvete
sorbet

a tarte de natas
cream pie

o pudim flan
crème caramel

os bolos para celebrações • celebration cakes

a camada de cima
top tier

a fita
ribbon

a camada de baixo
bottom tier

a cobertura
icing

o maçapão
marzipan

a decoração
decoration

as velas de aniversário
birthday candles

soprar (v)
blow out (v)

o bolo de casamento | wedding cake

o bolo de aniversário | birthday cake

a charcutaria • delicatessen

o enchido picante
spicy sausage

a quiche
flan

o vinagre
vinegar

o óleo
oil

a carne fresca
uncooked meat

o balcão
counter

o salame
salami

o pepperoni
pepperoni

o pâté
pâté

o mozarella
mozzarella

o brie
brie

o queijo de cabra
goat's cheese

o cheddar
cheddar

o parmesão
parmesan

o camembert
camembert

a casca
rind

o flamengo
edam

o manchego
manchego

as tartes
pies

a azeitona preta
black olive

a malagueta
chili

o molho
sauce

o paposseco
bread roll

as carnes frias
cooked meat

a azeitona verde
green olive

o balcão de sanduíches | sandwich counter

o presunto
ham

o peixe fumado
smoked fish

as alcaparras
capers

vocabulário • vocabulary

em óleo in oil	marinado marinated	fumado smoked
em salmoura in brine	salgado salted	curado cured

Tire uma senha numerada, por favor.
Take a number please.

Posso provar um pouco disto, por favor?
Can I try some of that please?

Podia dar-me seis fatias desse?
May I have six slices of that please?

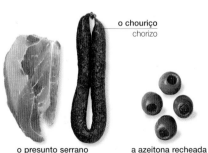

o chouriço
chorizo

o presunto serrano
prosciutto

a azeitona recheada
stuffed olive

as bebidas • drinks

a água • water

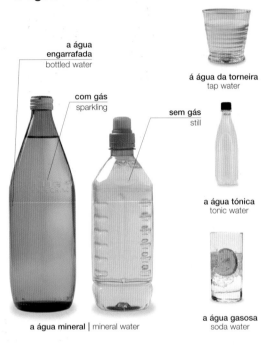

a água
engarrafada
bottled water

com gás
sparkling

sem gás
still

á água da torneira
tap water

a água tónica
tonic water

a água gasosa
soda water

a água mineral | mineral water

as bebidas quentes • hot drinks

o pacote
de chá
teabag

o chá em
folha
loose leaf tea

o chá
tea

os grãos
beans

o café moído
ground coffee

o café
coffee

o chocolate quente
hot chocolate

a bebida maltada
malted drink

os refrescos • soft drinks

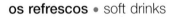

a palhinha
straw

o sumo de tomate
tomato juice

o sumo de uva
grape juice

a limonada
lemonade

a laranjada
orangeade

a cola
cola

as bebidas alcoólicas • alcoholic drinks

o gin
gin

a lata
can

a cerveja
beer

a sidra
cider

a cerveja amarga
bitter

a cerveja preta
stout

a vodka
vodka

o whisky
whisky

o rum
rum

o brandy
brandy

o porto
port

seco
dry

o xerez
sherry

o campari
campari

rosé
rosé

branco
white

tinto
red

o licor
liqueur

a tequila
tequila

o champanhe
champagne

o vinho
wine

comer fora
eating out

o café • café

o guarda-sol
umbrella

o toldo
awning

a ementa
menu

o café de esplanada
terrace café

o café com mesas fora | pavement café

o empregado
waiter

a máquina do café
coffee machine

a mesa
table

o snack-bar | snack bar

o café • coffee

o café com leite
white coffee

o café
black coffee

o cacau em pó
cocoa powder

a espuma
froth

o café de filtro
filter coffee

a bica
espresso

o cappuccino
cappuccino

o café com gelo
iced coffee

o chá • tea

o chá de
infusão
herbal tea

o chá de camomila
camomile tea

o chá verde
green tea

o chá com leite
tea with milk

o chá preto
black tea

o chá com limão
tea with lemon

o chá de hortelã
mint tea

o iced tea
iced tea

os sumos e os batidos •
juices and milkshakes

o batido de chocolate
chocolate milkshake

o batido de
morango
strawberry
milkshake

o sumo
de laranja
orange juice

o sumo
de maçã
apple juice

o sumo
de ananás
pineapple juice

o sumo
de tomate
tomato juice

o batido de café
coffee milkshake

a comida • food

o pão escuro
brown bread

a bola
scoop

a sanduíche torrada
toasted sandwich

a salada
salad

o gelado
ice cream

o folhado
pastry

o bar • bar

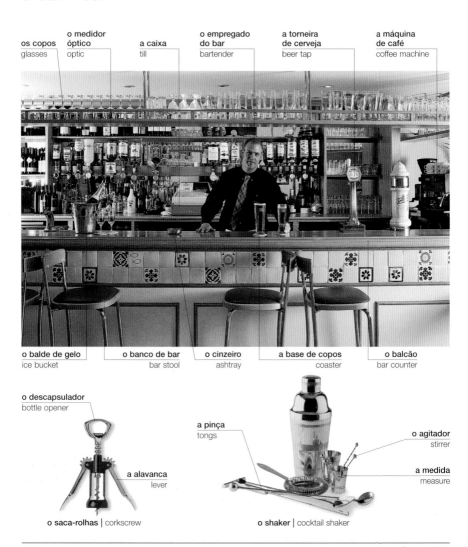

os copos
glasses

o medidor
óptico
optic

a caixa
till

o empregado
do bar
bartender

a torneira
de cerveja
beer tap

a máquina
de café
coffee machine

o balde de gelo
ice bucket

o banco de bar
bar stool

o cinzeiro
ashtray

a base de copos
coaster

o balcão
bar counter

o descapsulador
bottle opener

a pinça
tongs

o agitador
stirrer

a alavanca
lever

a medida
measure

o saca-rolhas | corkscrew

o shaker | cocktail shaker

o **jarro**
pitcher

o **cubo de gelo**
ice cube

o **gin tónico**
gin and tonic

o **whisky escocês com água**
scotch and water

o **rum com cola**
rum and coke

a **vodka com laranja**
vodka and orange

o **martini**
martini

o **cocktail**
cocktail

o **vinho**
wine

a **cerveja**
beer

duplo
double

gelo e limão
ice and lemon

simples
single

um **shot**
a shot

uma **medida**
measure

sem gelo
without ice

com gelo
with ice

os aperitivos • bar snacks

os **cajus**
cashewnuts

as **amêndoas**
almonds

os **amendoins**
peanuts

as batatas fritas | crisps

os frutos secos | nuts

as azeitonas | olives

o restaurante • restaurant

o lugar posto na mesa
table setting

o ajudante do chefe
commis chef

o chefe de cozinha
chef

o copo
glass

o tabuleiro
tray

a cozinha | kitchen

o empregado | waiter

vocabulário • vocabulary

a ementa do jantar evening menu	os pratos do dia specials	o preço price	a gorjeta tip	o buffet buffet	o cliente customer
a carta de vinhos wine list	à la carte à la carte	a conta bill	serviço incluído service included	o bar bar	a pimenta pepper
a ementa do almoço lunch menu	o carrinho das sobremesas sweet trolley	o recibo receipt	serviço não incluído service not included	o sal salt	

a ementa
menu

a refeição para crianças
child's meal

pedir (v) | order (v)

pagar (v) | pay (v)

os pratos • courses

o aperitivo
apéritif

a entrada
starter

a sopa
soup

o prato principal
main course

o acompanhamento
side order

a sobremesa | dessert

o café | coffee

Uma mesa para dois, por favor.
A table for two please.

Podia ver a ementa/carta de vinhos, por favor?
Can I see the menu/winelist please?

Há uma ementa de preço fixo?
Is there a fixed price menu?

Tem alguns pratos vegetarianos?
Do you have any vegetarian dishes?

Podia trazer-me a conta/o recibo, por favor?
Could I have the bill/a receipt please?

Podemos pagar separadamente?
Can we pay separately?

Onde ficam as casas de banho?
Where are the toilets, please?

a comida rápida • fast food

o hambúrger
burger

a palhinha
straw

o refrigerante
soft drink

as batatas
fritas
french fries

o guardanapo
de papel
paper napkin

o tabuleiro
tray

a refeição de hambúrguer | burger meal

vocabulário
• vocabulary

a pizzaria
pizza parlour

a hamburgueria
burger bar

a ementa
menu

para comer no estabelecimento
eat-in

para levar
take-away

reaquecer (v)
re-heat (v)

o molho de tomate
tomato sauce

Posso comprar para levar?
Can I have that to go please?

Entrega em casa?
Do you deliver?

a pizza
pizza

a lista de preços
price list

a lata de bebida
canned drink

a entrega em casa | home delivery

a tenda de rua | street stall

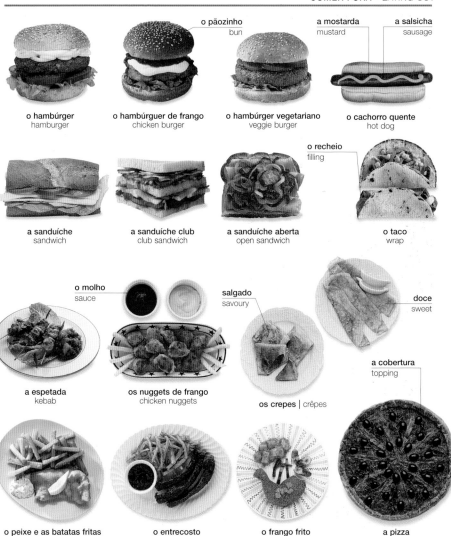

o pãozinho
bun

a mostarda
mustard

a salsicha
sausage

o hambúrger
hamburger

o hambúrguer de frango
chicken burger

o hambúrger vegetariano
veggie burger

o cachorro quente
hot dog

o recheio
filling

a sanduíche
sandwich

a sanduíche club
club sandwich

a sanduíche aberta
open sandwich

o taco
wrap

o molho
sauce

salgado
savoury

doce
sweet

a cobertura
topping

a espetada
kebab

os nuggets de frango
chicken nuggets

os crepes | crêpes

o peixe e as batatas fritas
fish and chips

o entrecosto
ribs

o frango frito
fried chicken

a pizza
pizza

o pequeno-almoço • breakfast

| o leite | os cereais | a compota | a fruta seca | o presunto | o queijo | as bolachas crocantes |
| milk | cereal | jam | dried fruit | ham | cheese | crispbread |

o buffet do pequeno-almoço
breakfast buffet

o doce de laranja
marmalade

o pâté
pâté

a manteiga
butter

o sumo de frutas
fruit juice

o café
coffee

o chocolate quente
hot chocolate

o croissant
croissant

o chá
tea

a mesa do pequeno-almoço | breakfast table

as bebidas | drinks

o brioche
brioche

o pão
bread

a torrada
toast

o ovo estrelado
fried egg

o tomate
tomato

o chouriço de sangue
black pudding

a salsicha
sausage

o bacon
bacon

o pequeno-almoço inglês
English breakfast

os arenques fumados
kippers

a tosta
french toast

a gema
yolk

o ovo cozido
boiled egg

os ovos mexidos
scrambled eggs

a nata
cream

o iogurte de frutas
fruit yoghurt

as panquecas
pancakes

as waffles
waffles

as papas de aveia
porridge

a fruta fresca
fresh fruit

o jantar • dinner

a sopa | soup

o consommé | broth

o estufado | stew

o caril | curry

o assado | roast

a tarte | pie

o soufflé | soufflé

a espetada | kebab

as bolas de carne | meatballs

a omelete | omelette

a comida frita chinesa
stir fry

a massa chinesa
noodles

a massa | pasta

o arroz | rice

a salada mista | mixed salad

a salada verde | green
salad

o tempero de salada
dressing

as técnicas • techniques

recheado | stuffed

em molho | in sauce

grelhado | grilled

marinado | marinated

escalfado | poached

em puré | mashed

cozido no forno | baked

frito com pouco óleo
pan fried

frito | fried

em vinagre | pickled

fumado | smoked

frito imerso em óleo
deep fried

em calda | in syrup

temperado | dressed

ao vapor | steamed

curado | cured

o estudo
study

a escola • school

o quadro preto
blackboard

o professor
teacher

a mala
school bag

o estudante
pupil

a secretária
desk

o giz
chalk

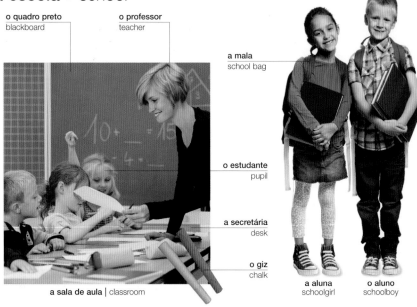

a sala de aula | classroom

a aluna
schoolgirl

o aluno
schoolboy

vocabulário • vocabulary

a história history	as ciências science	a física physics
as línguas languages	a arte art	a química chemistry
a literatura literature	a música music	a biologia biology
a geografia geography	a matemática maths	a educação física physical education

as actividades • activities

ler (v) | read (v)

escrever (v) | write (v)

soletrar (v) | spell (v)

desenhar (v) | draw (v)

o projetor digital
digital projector

a caneta | pen

o bico
nib

o lápis de cor
colouring pencil

o apara-lápis
pencil
sharpener

o lápis
pencil

a borracha
rubber

o caderno
notebook

o manual | textbook

o estojo de lápis | pencil case

a régua | ruler

perguntar (v) | question (v)

responder (v) | answer (v)

discutir (v) | discuss (v)

aprender (v) | learn (v)

vocabulário • vocabulary

o diretor head teacher	**a resposta** answer	**a nota** grade
a aula lesson	**o trabalho de casa** homework	**o ano** year
a pergunta question	**o exame** examination	**o dicionário** dictionary
tirar apontamentos (v) take notes (v)	**a redação** essay	**a enciclopédia** encyclopedia

a matemática • maths

as formas • shapes

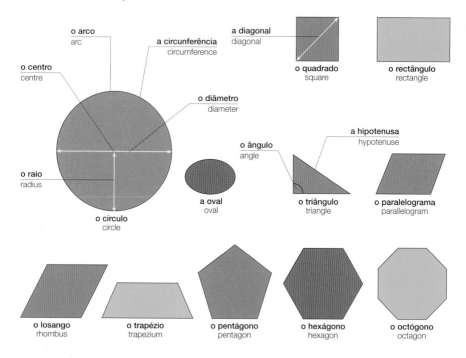

o arco
arc

a circunferência
circumference

a diagonal
diagonal

o quadrado
square

o rectângulo
rectangle

o centro
centre

o diâmetro
diameter

a hipotenusa
hypotenuse

o ângulo
angle

o raio
radius

a oval
oval

o triângulo
triangle

o paralelograma
parallelogram

o círculo
circle

o losango
rhombus

o trapézio
trapezium

o pentágono
pentagon

o hexágono
hexagon

o octógono
octagon

os sólidos • solids

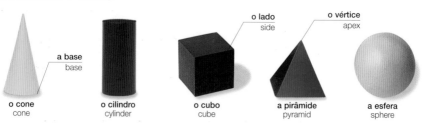

a base
base

o lado
side

o vértice
apex

o cone
cone

o cilindro
cylinder

o cubo
cube

a pirâmide
pyramid

a esfera
sphere

as linhas • lines

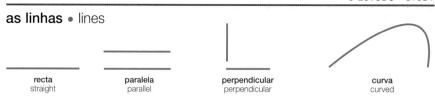

recta
straight

paralela
parallel

perpendicular
perpendicular

curva
curved

as medidas • measurements

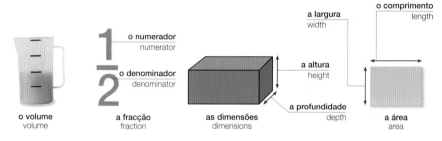

o volume
volume

o numerador
numerator

o denominador
denominator

a fracção
fraction

as dimensões
dimensions

a largura
width

a altura
height

a profundidade
depth

o comprimento
length

a área
area

o equipamento • equipment

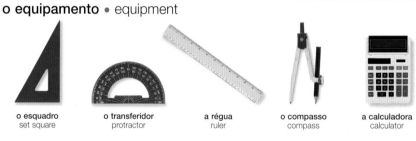

o esquadro
set square

o transferidor
protractor

a régua
ruler

o compasso
compass

a calculadora
calculator

vocabulário • vocabulary

a geometria geometry	**mais** plus	**vezes** times	**é igual a** equals	**somar (v)** add (v)	**multiplicar (v)** multiply (v)	**a equação** equation
a aritmética arithmetic	**menos** minus	**dividido por** divided by	**contar (v)** count (v)	**subtrair (v)** subtract (v)	**dividir (v)** divide (v)	**a percentagem** percentage

as ciências • science

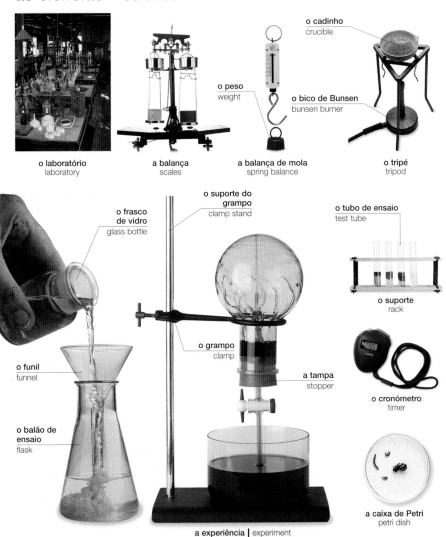

o laboratório
laboratory

a balança
scales

o peso
weight

a balança de mola
spring balance

o cadinho
crucible

o bico de Bunsen
bunsen burner

o tripé
tripod

o frasco
de vidro
glass bottle

o suporte do
grampo
clamp stand

o tubo de ensaio
test tube

o suporte
rack

o funil
funnel

o grampo
clamp

a tampa
stopper

o cronómetro
timer

o balão de
ensaio
flask

a caixa de Petri
petri dish

a experiência | experiment

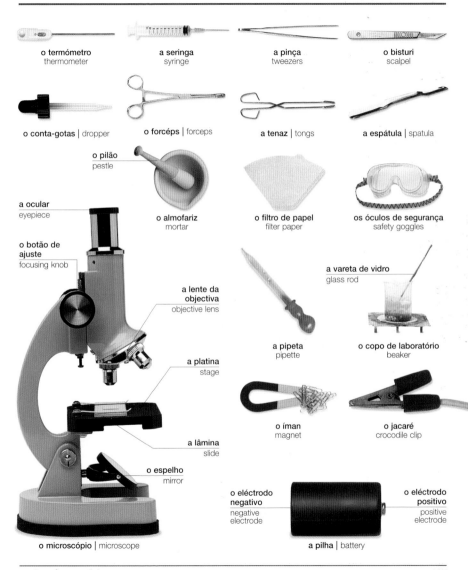

o termómetro
thermometer

a seringa
syringe

a pinça
tweezers

o bisturi
scalpel

o conta-gotas | dropper

o forcéps | forceps

a tenaz | tongs

a espátula | spatula

o pilão
pestle

o almofariz
mortar

o filtro de papel
filter paper

os óculos de segurança
safety goggles

a ocular
eyepiece

o botão de ajuste
focusing knob

a lente da objectiva
objective lens

a vareta de vidro
glass rod

a pipeta
pipette

o copo de laboratório
beaker

a platina
stage

a lâmina
slide

o espelho
mirror

o íman
magnet

o jacaré
crocodile clip

o eléctrodo negativo
negative electrode

o eléctrodo positivo
positive electrode

o microscópio | microscope

a pilha | battery

o ensino superior • college

a secretaria
admissions

o campo de
desportos
sports field

o refeitório
refectory

a residência
universitária
hall of
residence

o centro
de saúde
health centre

o campus | campus

vocabulário • vocabulary

o cartão da biblioteca library card	a informação enquiries	o empréstimo loan
a sala de leitura reading room	pedir emprestado (v) borrow (v)	o livro book
a lista de leitura reading list	reservar (v) reserve (v)	o título title
a data de devolução return date	renovar (v) renew (v)	o corredor aisle

a bibliotecária
librarian

o balcão de
empréstimos
loans desk

a prateleira
bookshelf

o periódico
periodical

o periódico
specializado
journal

a biblioteca | library

o estudante
universitário
undergraduate

o professor
universitário
lecturer

a licenciada
graduate

a toga
robe

o anfiteatro
lecture theatre

a cerimónia de graduação
graduation ceremony

as escolas • schools

a modelo
model

a escola de Belas Artes
art college

o conservatório
music school

a academia de dança
dance academy

vocabulário • vocabulary

a bolsa de estudos scholarship	a investigação research	a dissertação dissertation	a medicina medicine	a filosofia philosophy
o diploma diploma	o mestrado masters	o departamento department	a zoologia zoology	a literatura literature
o grau degree	o doutoramento doctorate	o direito law	a física physics	a história da arte history of art
o pós-graduado postgraduate	a tese thesis	a engenharia engineering	a política politics	a economia economics

o trabalho
work

o escritório 1 • office 1

o monitor
monitor

**o organizador
de secretária**
desktop organizer

o caderno
notebook

o laptop
laptop

**lo cesto
de saída**
out-tray

**o cesto de
entrada**
in-tray

a gaveta
drawer

a secretária
desk

**a cadeira
giratória**
swivel chair

**o cesto de
papéis**
wastebasket

o armário de arquivo
filing cabinet

o equipamento de escritório

• office equipment

**o tabuleiro
de papel**
paper tray

a impressora
printer

a máquina de fax
fax machine

---

vocabulário • vocabulary

imprimir (v) print (v)	**ampliar (v)** enlarge (v)
fotocopiar (v) copy (v)	**reduzir (v)** reduce (v)

Preciso de fazer umas fotocópias.
I need to make some copies.

office supplies • os materiais de escritório

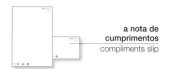

a nota de cumprimentos
compliments slip

o papel timbrado
letterhead

o envelope
envelope

a caixa de arquivo
box file

a etiqueta
tab

o separador
divider

a prancheta de mola
clipboard

o bloco de apontamentos
note pad

a pasta suspensa
hanging file

o arquivador em concertina
concertina file

o dossiê de argolas
lever arch file

os agrafos
staples

a fita adesiva
sticky tape

a almofada de tinta
ink pad

a agenda organiser
personal organizer

o agrafador
stapler

o desenrolador de fita adesiva
tape dispenser

o perfurador
hole punch

o carimbo de borracha
rubber stamp

o alfinete
drawing pin

o elástico
rubber band

a mola para papel
bulldog clip

o clip
paper clip

o quadro de avisos | notice board

o escritório 2 • office 2

o quadro de conferência
flipchart

o cavalete
easel

o diretor
manager

a proposta
proposal

o relatório
report

o executivo
executive

a ata
minutes

a reunião | meeting

vocabulário • vocabulary

a sala de reuniões
meeting room

participar(v)
attend (v)

a ordem de trabalhos
agenda

presidir (v)
chair (v)

A que horas é a reunião?
What time is the meeting?

Quais são as suas horas de trabalho?
What are your office hours?

a oradora
speaker

a apresentação | presentation

os negócios • business

o homem de negócios
businessman

a mulher de negócios
businesswoman

o almoço de negócios
business lunch

a viagem de negócios
business trip

a agenda | diary

a marcação
appointment

o cliente
client

o diretor-geral
managing director

o acordo comercial
business deal

vocabulário • vocabulary

a empresa
company

a sede
head office

a filial
branch

o pessoal
staff

o salário
salary

a folha de pagamentos
payroll

o departamento de contabilidade
accounts department

o departamento de marketing
marketing department

o departamento de vendas
sales department

o departamento jurídico
legal department

o departamento de atendimento ao cliente
customer service department

o departamento de pessoal
personnel department

o computador • computer

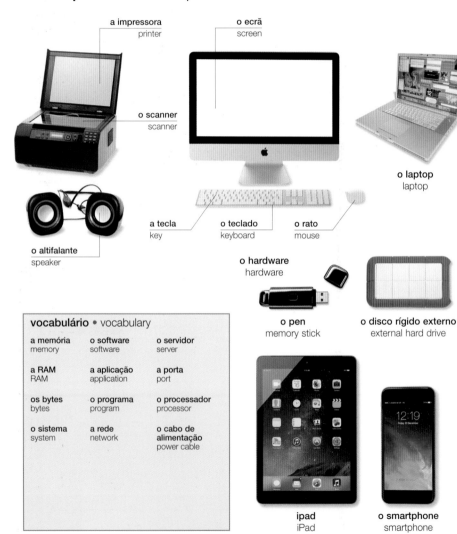

a impressora
printer

o ecrã
screen

o scanner
scanner

o laptop
laptop

a tecla
key

o teclado
keyboard

o rato
mouse

o altifalante
speaker

o hardware
hardware

o pen
memory stick

o disco rígido externo
external hard drive

vocabulário • vocabulary

a memória memory	o software software	o servidor server
a RAM RAM	a aplicação application	a porta port
os bytes bytes	o programa program	o processador processor
o sistema system	a rede network	o cabo de alimentação power cable

ipad
iPad

o smartphone
smartphone

o computador de secretária • desktop

a fonte
font

a barra do menu
menubar

o ícone
icon

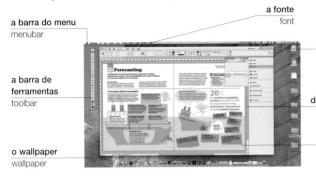

o ficheiro
file

a barra de
ferramentas
toolbar

a barra de
deslocamento
scrollbar

a pasta
folder

a janela
window

o wallpaper
wallpaper

reciclagem
trash

a internet • internet

o programa
de navegação
browser

navegar (v)
browse (v)

o e-mail • email

o endereço de e-mail
email address

pasta a
receber
inbox

o site
da internet
website

vocabulário • vocabulary

ligar (v) connect (v)	o fornecedor de serviços service provider	fazer log-in (v) log on (v)	fazer download download (v)	enviar (v) send (v)	guardar (v) save (v)
instalar (v) install (v)	a conta de e-mail email account	on-line on-line	o anexo attachment	receber (v) receive (v)	procurar (v) search (v)

os meios de comunicação social • media

o estúdio de televisão • television studio

o plateau
set

o apresentador
presenter

a iluminação
light

a câmara
camera

a grua da câmara
camera crane

o operador de câmara
cameraman

vocabulário • vocabulary

o canal channel	as notícias news	a imprensa press	a telenovela soap	os desenhos animados cartoon	em directo live
a programação programming	o documentário documentary	a série televisiva television series	o concurso game show	em diferido prerecorded	transmitir (v) broadcast (v)

o entrevistador
interviewer

o repórter
reporter

o teleponto
autocue

a apresentadora do telejornal
newsreader

os atores
actors

a girafa
sound boom

a claquete
clapper board

o plateau de rodagem
film set

vocabulário • vocabulary

a estação de rádio radio station	**o volume** volume
o disco-jóquei DJ	**sintonizar (v)** tune (v)
a transmissão broadcast	**a onda curta** short wave
o comprimento de onda wavelength	**a onda média** medium wave
a onda larga long wave	**analógico** analogue
a frequência frequency	**digital** digital

o técnico de som — sound technician
a mesa de mistura — mixing desk
o microfone — microphone

o estúdio de gravação | recording studio

a lei • law

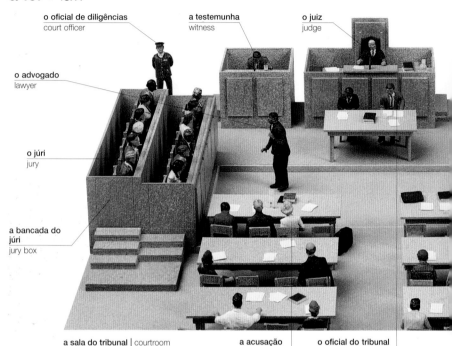

o oficial de diligências
court officer

a testemunha
witness

o juiz
judge

o advogado
lawyer

o júri
jury

a bancada do
júri
jury box

a sala do tribunal | courtroom

a acusação
prosecution

o oficial do tribunal
court official

vocabulário • vocabulary

o escritório do
advogado
lawyer's office

a assessoria jurídica
legal advice

o cliente
client

a citação
summons

a declaração
statement

o mandado
warrant

a ordem judicial
writ

a data do julgamento
court date

a alegação do arguido
plea

o processo de
tribunal
court case

a acusação
charge

o acusado
accused

a estenógrafa
stenographer

o suspeito
suspect

o réu
defendant

a defesa
defence

o retrato-robô
photofit

o criminoso
criminal

os antecedentes criminais
criminal record

o guarda prisional
prison guard

a cela
cell

a prisão
prison

vocabulário • vocabulary

a prova evidence	culpado guilty	a caução bail	Quero falar com um advogado. I want to see a lawyer.
o veredicto verdict	absolvido acquitted	o recurso appeal	Onde fica o tribunal? Where is the courthouse?
inocente innocent	a sentença sentence	a liberdade condicional parole	Posso pagar uma caução? Can I post bail?

a quinta 1 • farm 1

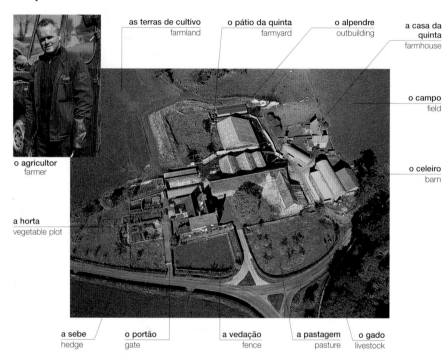

o agricultor
farmer

as terras de cultivo
farmland

o pátio da quinta
farmyard

o alpendre
outbuilding

a casa da quinta
farmhouse

o campo
field

o celeiro
barn

a horta
vegetable plot

a sebe
hedge

o portão
gate

a vedação
fence

a pastagem
pasture

o gado
livestock

o cultivador
cultivator

o tractor | tractor

a ceifeira-debulhadora | combine harvester

os tipos de quinta • types of farm

a colheita
crop

a quinta de terras aráveis
arable farm

a exploração leiteira
dairy farm

o rebanho
flock

a criação de gado ovino
sheep farm

a criação de aves
poultry farm

a criação de suínos
pig farm

a exploração piscícola
fish farm

a exploração frutícola
fruit farm

a videira
vine

a vinha
vineyard

as actividades • actions

o sulco
furrow

lavrar (v)
plough (v)

semear (v)
sow (v)

ordenhar (v)
milk (v)

dar de comer (v)
feed (v)

regar (v) | water (v)

colher (v) | harvest (v)

vocabulário • vocabulary

o herbicida herbicide	**o rebanho** herd	**o comedouro** trough
o pesticida pesticide	**o silo** silo	**plantar (v)** plant (v)

a quinta 2 • farm 2

as colheitas • crops

o trigo
wheat

o milho
corn

a cevada
barley

a colza
rapeseed

o girassol
sunflower

o fardo
bale

o feno
hay

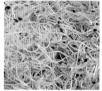
a alfafa
alfalfa

o tabaco
tobacco

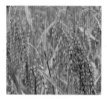
o arroz
rice

o chá
tea

o café
coffee

o linho
flax

a cana-de-açúcar
sugarcane

o algodão
cotton

o espantalho
scarecrow

o gado • livestock

o leitão
piglet

a vitela
calf

o porco
pig

a vaca
cow

o touro
bull

a ovelha
sheep

o cabrito
kid

o potro
foal

o cordeiro
lamb

a cabra
goat

o cavalo
horse

o burro
donkey

o pintainho
chick

o patinho
duckling

a galinha
chicken

o galo
cockerel

o peru
turkey

o pato
duck

o estábulo
stable

o redil
pen

o galinheiro
chicken coop

a pocilga
pigsty

a construção • construction

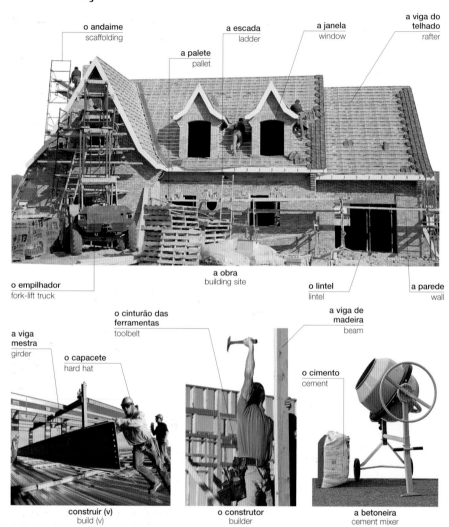

o andaime
scaffolding

a escada
ladder

a janela
window

a viga do
telhado
rafter

a palete
pallet

a obra
building site

o empilhador
fork-lift truck

o lintel
lintel

a parede
wall

o cinturão das
ferramentas
toolbelt

a viga de
madeira
beam

a viga
mestra
girder

o capacete
hard hat

o cimento
cement

construir (v)
build (v)

o construtor
builder

a betoneira
cement mixer

os materiais • materials

o tijolo
brick

a madeira
timber

a telha
roof tile

o bloco de betão
concrete block

as ferramentas • tools

a argamassa
mortar

a colher de pedreiro
trowel

o nível de bolha de ar
spirit level

o cabo
handle

a marreta
sledgehammer

a picareta
pickaxe

a pá
shovel

a maquinaria • machinery

o cilindro
roller

o camião basculante
dumper truck

o suporte
support

o gancho
hook

a grua | crane

as obras na estrada • roadworks

o alcatrão
tarmac

o cone
cone

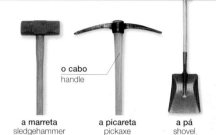

a britadeira
pneumatic drill

a repavimentação
resurfacing

a escavadora mecânica
mechanical digger

as profissões 1 • occupations 1

o carpinteiro
carpenter

o electricista
electrician

o canalizador
plumber

o construtor
builder

o jardineiro
gardener

o aspirador
vacuum cleaner

o empregado da
limpeza
cleaner

o mecânico
mechanic

o talhante
butcher

o cabeleireiro
hairdresser

a peixeira
fishmonger

o vendedor de
frutas e legumes
greengrocer

a florista
florist

o barbeiro
barber

o joalheiro
jeweller

a empregada da loja
shop assistant

a agente imobiliária
estate agent

o oftalmologista
optician

a máscara
mask

a dentista
dentist

o médico
doctor

a farmacêutica
pharmacist

a enfermeira
nurse

a veterinária
vet

o agricultor
farmer

o pescador
fisherman

a metralhadora
machine-gun

o crachá de
identificação
identity badge

o uniforme
uniform

o guarda de segurança
security guard

o marinheiro
sailor

o soldado
soldier

o polícia
policeman

o bombeiro
fireman

as profissões 2 • occupations 2

o advogado
lawyer

o contabilista
accountant

a maquete
model

o arquitecto
architect

o cientista
scientist

o professora
teacher

o bibliotecário
librarian

a recepcionista
receptionist

o saco
do
correio
mailbag

o carteiro
postman

o motorista de autocarro
bus driver

o camionista
lorry driver

o motorista de táxi
taxi driver

o piloto
pilot

a hospedeira do ar
air stewardess

a agente de viagens
travel agent

o chapéu de
cozinheiro
chef's hat

o chefe de
cozinha
chef

o tutu
tutu

o músico
musician

a bailarina
dancer

a atriz
actress

a cantora
singer

a empregada
waitress

o empregado de bar
barman

o desportista
sportsman

o escultor
sculptor

a pintora
painter

o fotógrafo
photographer

o apresentadora
newsreader

as notas
notes

o jornalista
journalist

a redactora
editor

o desenhador
designer

a costureira
seamstress

o alfaiate
tailor

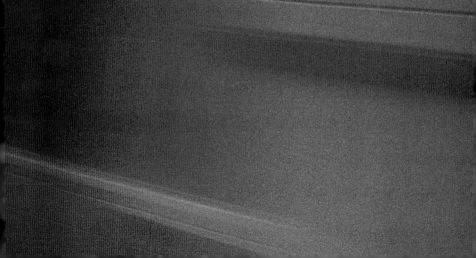

os transportes
transport

as estradas • roads

a auto-estrada
motorway

a cabina da portagem
toll booth

as marcas rodoviárias
road markings

a via de acesso
slip road

o sentido único
one-way

a linha divisória
divider

a saída
junction

o semáforo
traffic light

o camião
lorry

a faixa da esquerda
inside lane

a faixa central
middle lane

a faixa de ultrapassagem
outside lane

a via de saída
exit ramp

o tráfego
traffic

o viaduto
flyover

a berma pavimentada
hard shoulder

o separador central
central reservation

a passagem subterrânea
underpass

o telefone de
emergência
emergency phone

o estacionamento para
deficientes
disabled parking

a passagem de
peões
pedestrian crossing

o engarrafamento de trânsito
traffic jam

o sistema de
navegação
satnav

o parquímetro
parking meter

o polícia de trânsito
traffic policeman

vocabulário • vocabulary

a rotunda roundabout	**estacionar (v)** park (v)	**rebocar (v)** tow away (v)
o desvio diversion	**ultrapassar (v)** overtake (v)	**a faixa dupla** dual carriageway
as obras na estrada roadworks	**conduzir (v)** drive (v)	
a barreira de segurança crash barrier	**fazer marcha atrás (v)** reverse (v)	**Esta é a estrada para...?** Is this the road to...? **Onde posso estacionar?** Where can I park?

os sinais de trânsito • road signs

sentido
proibido
no entry

o limite de
velocidade
speed limit

o perigo
hazard

proibido parar
no stopping

proibido virar
à direita
no right turn

o autocarro • bus

o lugar do motorista
driver's seat

o corrimão
handrail

a porta automática
automatic door

a roda da frente
front wheel

o porta-bagagens
luggage hold

a porta | door

a camioneta de passageiros | coach

os tipos de autocarros • types of buses

o número da rota
route number

o motorista
driver

o autocarro de dois pisos
double-decker bus

o eléctrico
tram

o autocarro eléctrico
trolley bus

o autocarro escolar | school bus

a roda traseira
rear wheel

a janela
window

o botão de paragem
stop button

o bilhete de autocarro
bus ticket

a campainha
bell

a estação de autocarros
bus station

a paragem de autocarros
bus stop

vocabulário • vocabulary

a tarifa
fare

o horário
timetable

o acesso para cadeiras de rodas
wheelchair access

o abrigo da paragem
bus shelter

Pára em...?
Do you stop at...?

Que autocarro vai para...?
Which bus goes to...?

o miniautocarro
minibus

o autocarro turístico | tourist bus

o autocarro de ligação | shuttle bus

o carro 1 • car 1

o exterior • exterior

o retrovisor lateral
wing mirror

o pára-brisas
windscreen

o espelho retrovisor
rearview mirror

o limpa-pára-brisas
windscreen wiper

a porta
door

a bagageira
boot

o capô
bonnet

o pisca-pisca
indicator

o pára-choques
bumper

o farol dianteiro
headlight

a roda
wheel

o pneu
tyre

a matrícula
licence plate

a bagagem
luggage

o porta-bagagens
roofrack

a porta da bagageira
tailgate

o cinto de segurança
seat belt

a cadeira para crianças
child seat

os tipos • types

o carro elétrico
electric car

o carro de cinco portas
hatchback

a berlina
saloon

a carrinha
estate

o carro descapotável
convertible

o carro desportivo
sports car

o monovolume
people carrier

o todo-o-terreno
four-wheel drive

o carro de época
vintage

a limusina
limousine

o posto de abastecimento
• petrol station

a bomba de
gasolina
petrol pump

o preço
price

a zona de abastecimento
forecourt

vocabulário • vocabulary

o óleo oil	com chumbo leaded	a lavagem de carros car wash
a gasolina petrol	o gasóleo diesel	o anticongelante antifreeze
sem chumbo unleaded	a oficina garage	o líquido limpa-pára-brisas screenwash

Encha o depósito, por favor.
Fill the tank, please.

o carro 2 • car 2

o interior • interior

o banco traseiro
back seat

o apoio do braço
armrest

o apoio para
a cabeça
headrest

o fecho
da porta
door lock

o puxador
handle

vocabulário • vocabulary

de duas portas two-door	**de quatro portas** four-door	**automático** automatic	**o travão** brake	**o acelerador** accelerator
de três portas three-door	**manual** manual	**a ignição** ignition	**a embraiagem** clutch	**o ar condicionado** air conditioning

Pode dizer-me como se vai para...?
Can you tell me the way to...?

**Onde há um
estacionamento?**
Where is the car park?

Posso estacionar aqui?
Can I park here?

os controls • controls

o volante
steering
wheel

a buzina
horn

o tablier
dashboard

as luzes de
emergência
hazard lights

a navegação por satélite
satellite navigation

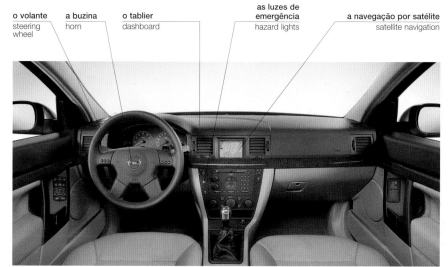

a direcção à esquerda | left-hand drive

o indicador de
temperatura
temperature gauge

o conta-rotações
rev counter

o velocímetro
speedometer

o indicador da
gasolina
fuel gauge

o estéreo do
carro
car stereo

o interruptor
das luzes
lights switch

o conta-
quilómetros
odometer

os comandos de
aquecimento
heater controls

o airbag
air bag

a manete das
mudanças
gearstick

a direcção à direita | right-hand drive

o carro 3 • car 3

a mecânica • mechanics

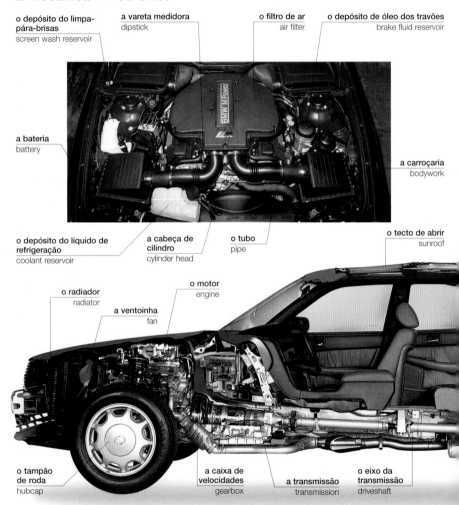

o depósito do limpa-pára-brisas
screen wash reservoir

a vareta medidora
dipstick

o filtro de ar
air filter

o depósito de óleo dos travões
brake fluid reservoir

a bateria
battery

a carroçaria
bodywork

o depósito do líquido de refrigeração
coolant reservoir

a cabeça de cilindro
cylinder head

o tubo
pipe

o tecto de abrir
sunroof

o radiador
radiator

o motor
engine

a ventoinha
fan

o tampão de roda
hubcap

a caixa de velocidades
gearbox

a transmissão
transmission

o eixo da transmissão
driveshaft

o furo • puncture

o pneu
sobresselente
spare tyre

a chave
wrench

**os parafusos
da roda**
wheel nuts

o macaco
jack

mudar um pneu (v)
change a wheel (v)

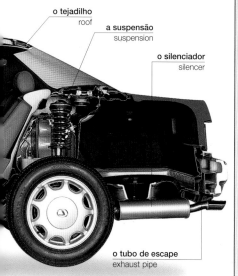

o tejadilho
roof

a suspensão
suspension

o silenciador
silencer

o tubo de escape
exhaust pipe

vocabulário • vocabulary

o acidente de carro
car accident

a avaria
breakdown

o seguro
insurance

o reboque
tow truck

o mecânico
mechanic

a pressão dos pneus
tyre pressure

a caixa de fusíveis
fuse box

a vela de ignição
spark plug

a correia da ventoinha
fan belt

o depósito da gasolina
petrol tank

a afinação
timing

o turbocompressor
turbocharger

o distribuidor
distributor

o chassis
chassis

o travão de mão
handbrake

o alternador
alternator

a correia de comando
cam belt

. . . .

O meu carro avariou.
I've broken down.

O meu carro não arranca.
My car won't start.

Faz reparações?
Do you do repairs?

O motor está a sobreaquecer.
The engine is overheating

a motocicleta • motorbike

o capacete
helmet

o pisca-pisca
indicator

o velocímetro
speedometer

o travão
brake

a embraiagem
clutch

a buzina
horn

o acelerador
throttle

os controlos
controls

o suporte de bagagem
carrier

o assento
traseiro
pillion

o assento
seat

o motor
engine

o depósito de
combustível
fuel tank

o reflector
reflector

a luz traseira
tail light

o tubo de escape
exhaust pipe

o silenciador
silencer

o depósito do óleo
oil tank

a caixa de
velocidades
gearbox

o filtro de ar
air filter

os tipos • types

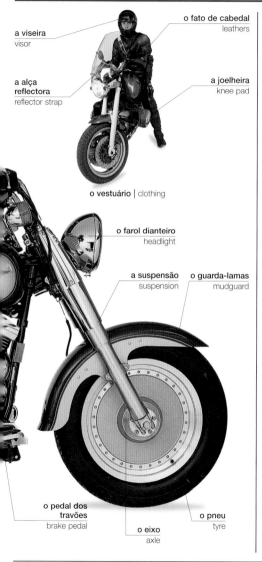

a viseira
visor

o fato de cabedal
leathers

a alça
reflectora
reflector strap

a joelheira
knee pad

o vestuário | clothing

o farol dianteiro
headlight

a suspensão
suspension

o guarda-lamas
mudguard

o pedal dos
travões
brake pedal

o eixo
axle

o pneu
tyre

a moto de corridas | racing bike

o pára-brisas
windshield

a moto de passeio | tourer

a moto de cross | dirt bike

o suporte
stand

a vespa | scooter

a bicicleta • bicycle

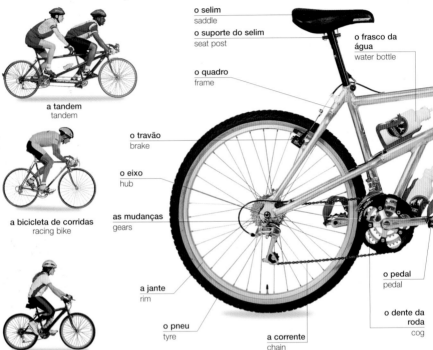

o selim
saddle

o suporte do selim
seat post

o frasco da água
water bottle

o quadro
frame

o travão
brake

o eixo
hub

as mudanças
gears

a jante
rim

o pneu
tyre

a corrente
chain

o pedal
pedal

o dente da roda
cog

a tandem
tandem

a bicicleta de corridas
racing bike

a bicicleta de montanha
mountain bike

a bicicleta de passeio
touring bike

o capacete
helmet

a bicicleta de estrada
road bike

a ciclovia | cycle lane

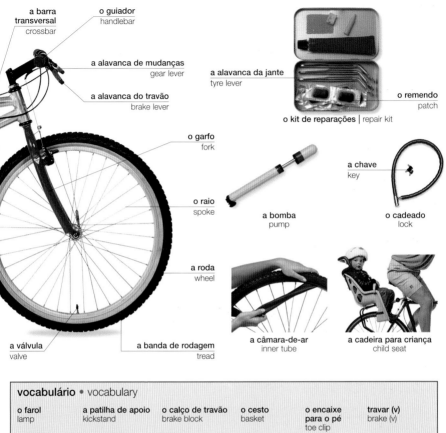

a barra transversal | crossbar

o guiador | handlebar

a alavanca de mudanças | gear lever

a alavanca do travão | brake lever

a alavanca da jante | tyre lever

o remendo | patch

o kit de reparações | repair kit

o garfo | fork

o raio | spoke

a bomba | pump

a chave | key

o cadeado | lock

a roda | wheel

a válvula | valve

a banda de rodagem | tread

a câmara-de-ar | inner tube

a cadeira para criança | child seat

vocabulário • vocabulary

o farol lamp	a patilha de apoio kickstand	o calço de travão brake block	o cesto basket	o encaixe para o pé toe clip	travar (v) brake (v)
o farol traseiro rear light	o suporte para bicicletas bike rack	o cabo cable	o dínamo dynamo	a alça do pedal toe strap	andar de bicicleta (v) cycle (v)
o reflector reflector	as rodas de apoio stabilisers	a roda dentada sprocket	o furo puncture	pedalar (v) pedal (v)	mudar de velocidade (v) change gear (v)

o comboio • train

a
carruagem
carriage

a
plataforma
platform

o carrinho
trolley

o número da
plataforma
platform number

o passageiro
diário
commuter

a estação de caminho-de-ferro | train station

os tipos de comboio • types of train

a locomotiva
engine

a cabina do
maquinista
driver's cab

o carril
rail

o comboio a vapor
steam train

o comboio a gasóleo | diesel train

o comboio eléctrico
electric train

o comboio de alta velocidade
high-speed train

o monocarril
monorail

o metro
underground train

o tranvia
tram

o comboio de mercadorias
freight train

o porta-bagagens
luggage rack

a janela
window

a linha
track

a porta
door

o lugar
seat

a barreira de acesso
ticket barrier

o vagão
compartment

o bilhete
ticket

o vagão-restaurante | dining car

o sistema de
comunicação pública
public address system

o horário
timetable

o vagão-cama
sleeping compartment

o átrio da estação | concourse

vocabulário • vocabulary

a rede ferroviária rail network	o diagrama do metro underground map	a bilheteira ticket office	o carril electrificado live rail
o comboio intercidades inter-city train	a demora delay	o revisor ticket inspector	o sinal signal
a hora de ponta rush hour	a tarifa fare	mudar (v) change (v)	a alavanca de emergência emergency lever

o avião • aircraft

o avião de passageiros • airliner

o nariz
nose

o cockpit
cockpit

o motor
engine

a fuselagem
fuselage

a asa
wing

a cauda
tail

o leme
rudder

a saída
exit

o trem de aterragem
dianteiro
nosewheel

o trem de aterragem
landing gear

o aileron
aileron

o estabilizador
vertical
fin

o estabilizador
tailplane

a cabina • cabin

a saída de
emergência
emergency exit

a assistente de
bordo
flight attendant

o compartimento
das bagagens
overhead locker

o ventilador
air vent

a janela
window

a luz de
leitura
reading light

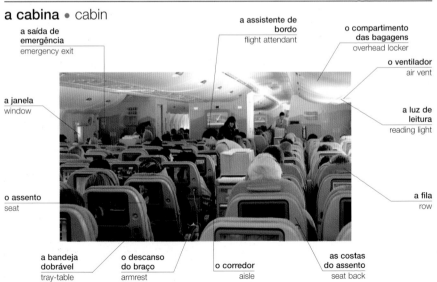

o assento
seat

a fila
row

a bandeja
dobrável
tray-table

o descanso
do braço
armrest

o corredor
aisle

as costas
do assento
seat back

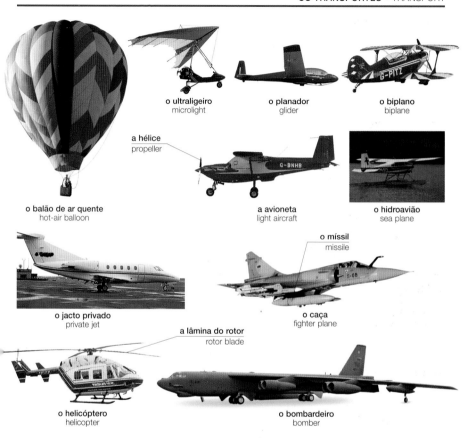

o ultraligeiro
microlight

o planador
glider

o biplano
biplane

a hélice
propeller

o balão de ar quente
hot-air balloon

a avioneta
light aircraft

o hidroavião
sea plane

o jacto privado
private jet

o míssil
missile

o caça
fighter plane

a lâmina do rotor
rotor blade

o helicóptero
helicopter

o bombardeiro
bomber

vocabulário • vocabulary

o piloto pilot	descolar (v) take off (v)	aterrar (v) land (v)	a classe económica economy class	a bagagem de mão hand luggage
o co-piloto co-pilot	voar (v) fly (v)	a altitude altitude	a classe executiva business class	o cinto de segurança seat belt

o aeroporto • airport

a área de tráfego
apron

o reboque de bagagem
baggage trailer

o terminal
terminal

o veículo de serviço
service vehicle

a ponte de embarque
walkway

o avião de linha | airliner

vocabulário • vocabulary

a pista runway	o número do voo flight number	o tapete das bagagens carousel	as férias holiday
o voo internacional international flight	a imigração immigration	a segurança security	fazer o check-in (v) check in (v)
o voo doméstico domestic flight	a alfândega customs	a máquina de raios X X-ray machine	a torre de controlo control tower
a ligação connection	o excesso de bagagem excess baggage	a brochura holiday brochure	reservar uma passagem (v) book a flight (v)

o visto
visa

a bagagem
de mão
hand luggage

o passaporte | passport

a bagagem
luggage

o cartão de
embarque
boarding pass

o carrinho
trolley

o balcão de check-in
check-in desk

o controlo de
passaportes
passport control

o bilhete
ticket

o número da porta
de embarque
gate number

o destino
destination

as chegadas
arrivals

as partidas
departures

a sala de embarque
departure lounge

o ecrã de informação
information screen

a loja franca
duty-free shop

a recolha de bagagens
baggage reclaim

a paragem de táxis
taxi rank

o aluguer de carros
car hire

o navio • ship

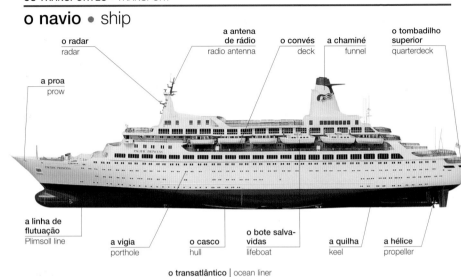

o radar
radar

a antena
de rádio
radio antenna

o convés
deck

a chaminé
funnel

o tombadilho
superior
quarterdeck

a proa
prow

a linha de
flutuação
Plimsoll line

a vigia
porthole

o casco
hull

o bote salva-
vidas
lifeboat

a quilha
keel

a hélice
propeller

o transatlântico | ocean liner

a ponte de comando
bridge

a casa das máquinas
engine room

o camarote
cabin

a cozinha
galley

vocabulário • vocabulary

a doca
dock

o cabrestante
windlass

o porto
port

o capitão
captain

o portaló
gangway

a lancha rápida
speedboat

a âncora
anchor

o barco a remos
rowing boat

o cabeço
bollard

a canoa
canoe

outras embarcações • other ships

o ferry
ferry

o motor fora-
de-borda
outboard motor

**o barco salva-vidas
insuflável**
inflatable dinghy

o hidrofoil
hydrofoil

o iate
yacht

o catamarã
catamaran

o rebocador
tug boat

o hovercraft
hovercraft

o navio porta-contentores
container ship

o cordame
rigging

o porão
hold

o barco à vela
sailboat

o navio de carga
freighter

o petroleiro
oil tanker

o porta-aviões
aircraft carrier

o navio de guerra
battleship

a torre de
comando
conning tower

o submarino
submarine

o porto • port

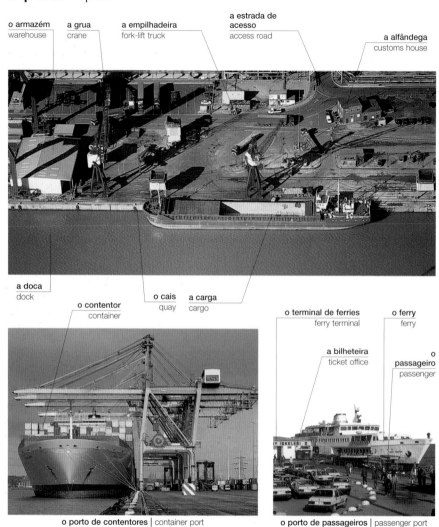

o armazém
warehouse

a grua
crane

a empilhadeira
fork-lift truck

a estrada de
acesso
access road

a alfândega
customs house

a doca
dock

o cais
quay

a carga
cargo

o contentor
container

o terminal de ferries
ferry terminal

o ferry
ferry

a bilheteira
ticket office

o
passageiro
passenger

o porto de contentores | container port

o porto de passageiros | passenger port

a rede
net

o barco de pesca
fishing boat

a ancoragem
mooring

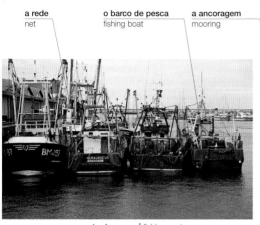

a marina | marina

o porto de pesca | fishing port

o porto | harbour

o embarcadouro | pier

o pontão
jetty

o estaleiro
shipyard

a lâmpada
lamp

o farol
lighthouse

a bóia
buoy

vocabulário • vocabulary

o guarda-costeiro coastguard	a doca seca dry dock	embarcar (v) board (v)
o capitão do porto harbour master	amarrar (v) moor (v)	desembarcar (v) disembark (v)
fundear (v) drop anchor (v)	atracar (v) dock (v)	zarpar (v) set sail (v)

os desportos
sports

o futebol americano • American football

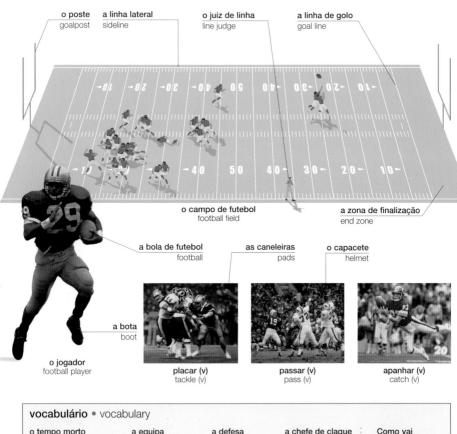

o poste
goalpost

a linha lateral
sideline

o juiz de linha
line judge

a linha de golo
goal line

o campo de futebol
football field

a zona de finalização
end zone

a bola de futebol
football

as caneleiras
pads

o capacete
helmet

a bota
boot

o jogador
football player

placar (v)
tackle (v)

passar (v)
pass (v)

apanhar (v)
catch (v)

---

vocabulário • vocabulary

o tempo morto time out	a equipa team	a defesa defence	a chefe de claque cheerleader	Como vai o jogo? What is the score?
o mau passe da bola fumble	o ataque attack	a pontuação score	o ensaio touchdown	Quem está a ganhar? Who is winning?

---

o râguebi • rugby

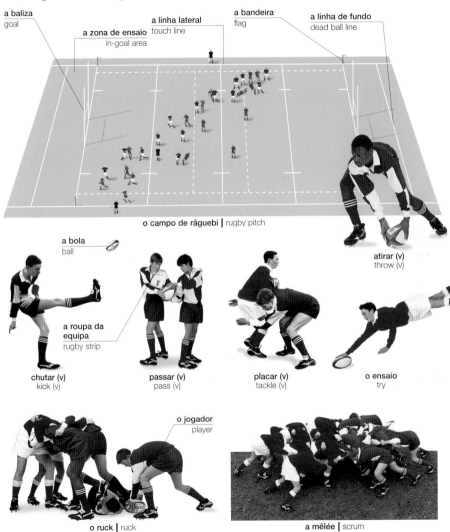

a baliza
goal

a zona de ensaio
in-goal area

a linha lateral
touch line

a bandeira
flag

a linha de fundo
dead ball line

o campo de râguebi | rugby pitch

atirar (v)
throw (v)

a bola
ball

a roupa da equipa
rugby strip

chutar (v)
kick (v)

passar (v)
pass (v)

placar (v)
tackle (v)

o ensaio
try

o jogador
player

o ruck | ruck

a mêlée | scrum

o futebol • soccer

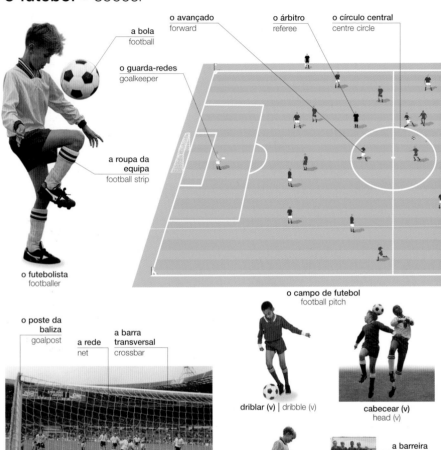

a bola
football

o avançado
forward

o árbitro
referee

o círculo central
centre circle

o guarda-redes
goalkeeper

a roupa da equipa
football strip

o futebolista
footballer

o campo de futebol
football pitch

o poste da baliza
goalpost

a rede
net

a barra transversal
crossbar

driblar (v) | dribble (v)

cabecear (v)
head (v)

a barreira
wall

a baliza | goal

o pontapé livre | free kick

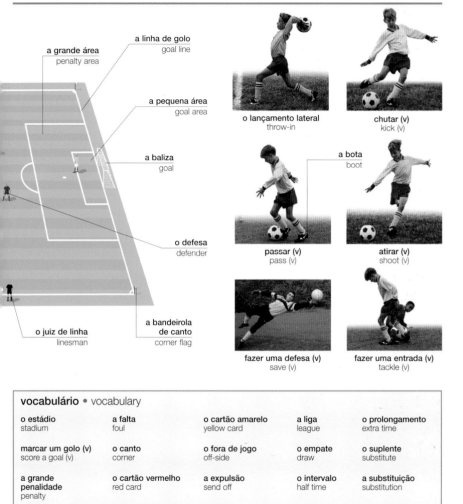

a grande área
penalty area

a linha de golo
goal line

a pequena área
goal area

a baliza
goal

o defesa
defender

o juiz de linha
linesman

a bandeirola
de canto
corner flag

o lançamento lateral
throw-in

chutar (v)
kick (v)

a bota
boot

passar (v)
pass (v)

atirar (v)
shoot (v)

fazer uma defesa (v)
save (v)

fazer uma entrada (v)
tackle (v)

vocabulário • vocabulary

o estádio stadium	a falta foul	o cartão amarelo yellow card	a liga league	o prolongamento extra time
marcar um golo (v) score a goal (v)	o canto corner	o fora de jogo off-side	o empate draw	o suplente substitute
a grande penalidade penalty	o cartão vermelho red card	a expulsão send off	o intervalo half time	a substituição substitution

o hóquei • hockey

o hóquei no gelo • ice hockey

a zona de defesa
defending zone

a linha de baliza
goal line

a zona
de ataque
attack zone

a zona neutra
neutral zone

o guarda-redes
goalkeeper

a baliza
goal

o círculo de
posição de jogo
face-off circle

o círculo central
centre circle

a luva
glove

a ombreira
pad

a pista de hóquei no gelo
ice hockey rink

o patim
de gelo
ice-skate

o taco
stick

o disco
puck

o jogador | ice hockey player

o hóquei de campo • field hockey

o taco de hóquei
hockey stick

a bola
ball

patinar (v)
skate (v)

bater (v)
hit (v)

o críquete • cricket

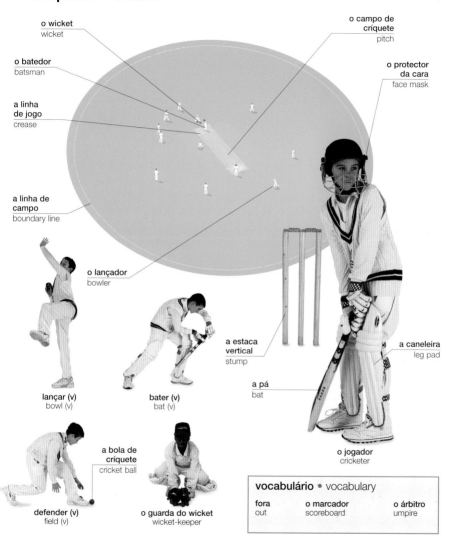

o wicket
wicket

o campo de críquete
pitch

o batedor
batsman

o protector da cara
face mask

a linha de jogo
crease

a linha de campo
boundary line

o lançador
bowler

a estaca vertical
stump

a caneleira
leg pad

a pá
bat

lançar (v)
bowl (v)

bater (v)
bat (v)

o jogador
cricketer

a bola de críquete
cricket ball

defender (v)
field (v)

o guarda do wicket
wicket-keeper

vocabulário • vocabulary

fora	o marcador	o árbitro
out	scoreboard	umpire

o basquetebol • basketball

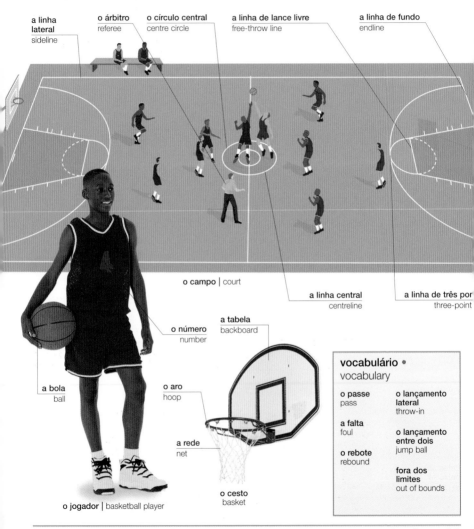

a linha lateral
sideline

o árbitro
referee

o círculo central
centre circle

a linha de lance livre
free-throw line

a linha de fundo
endline

o campo | court

a linha central
centreline

a linha de três por
three-point

o número
number

a tabela
backboard

a bola
ball

o aro
hoop

a rede
net

o cesto
basket

o jogador | basketball player

vocabulário • vocabulary

o passe pass	o lançamento lateral throw-in
a falta foul	o lançamento entre dois jump ball
o rebote rebound	fora dos limites out of bounds

as acções • actions

lançar (v)
throw (v)

apanhar (v)
catch (v)

arremessar (v)
shoot (v)

saltar (v)
jump (v)

marcar (v)
mark (v)

bloquear (v)
block (v)

bater (v)
bounce (v)

encestar (v)
dunk (v)

o voleibol • volleyball

bloquear (v)
block (v)

a rede
net

defender baixo (v)
dig (v)

o árbitro
referee

a joelheira
knee support

o campo | court

o basebol • baseball

o campo • field

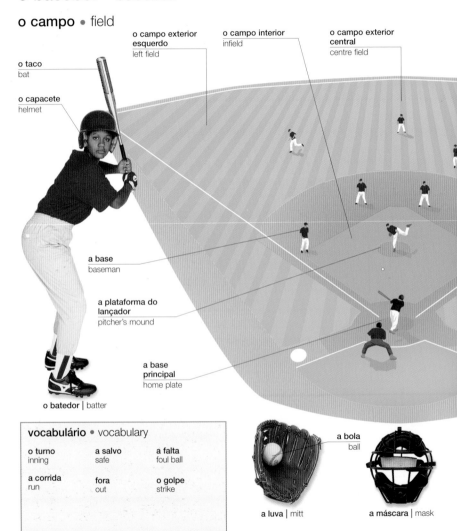

o campo exterior
esquerdo
left field

o campo interior
infield

o campo exterior
central
centre field

o taco
bat

o capacete
helmet

a base
baseman

a plataforma do
lançador
pitcher's mound

a base
principal
home plate

o batedor | batter

vocabulário • vocabulary

o turno inning	a salvo safe	a falta foul ball
a corrida run	fora out	o golpe strike

a bola
ball

a luva | mitt

a máscara | mask

as acções • actions

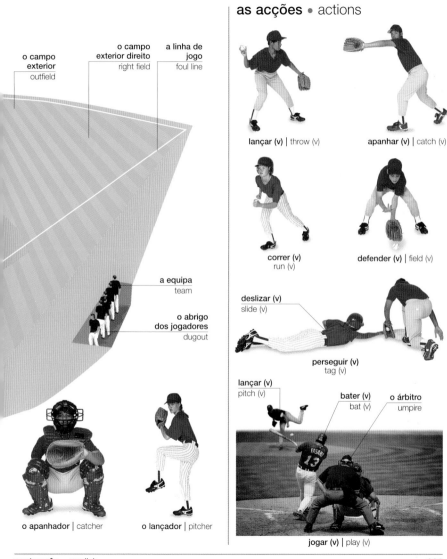

o campo exterior
outfield

o campo exterior direito
right field

a linha de jogo
foul line

a equipa
team

o abrigo dos jogadores
dugout

o apanhador | catcher

o lançador | pitcher

lançar (v) | throw (v)

apanhar (v) | catch (v)

correr (v)
run (v)

defender (v) | field (v)

deslizar (v)
slide (v)

perseguir (v)
tag (v)

lançar (v)
pitch (v)

bater (v)
bat (v)

o árbitro
umpire

jogar (v) | play (v)

o ténis • tennis

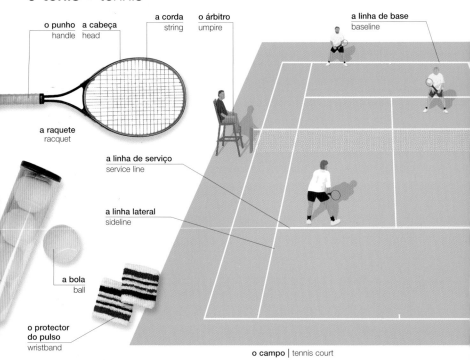

o punho
handle

a cabeça
head

a corda
string

o árbitro
umpire

a linha de base
baseline

a raquete
racquet

a linha de serviço
service line

a linha lateral
sideline

a bola
ball

o protector
do pulso
wristband

o campo | tennis court

vocabulário • vocabulary

os singulares singles	o set set	o empate deuce	a falta fault	o golpe com efeito slice	o efeito spin
as duplas doubles	a partida match	a vantagem advantage	o ás ace	a troca de bolas rally	o juiz de linha linesman
o jogo game	o tiebreak tiebreak	zero love	o golpe curto dropshot	rede! let!	o campeonato championship

os golpes • strokes

a rede
net

o smash
smash

o apanha-bolas
ballboy

servir (v)
serve (v)

os ténis
tennis shoes

o jogador | player

o serviço
serve

o voleio
volley

a devolução
return

o lob
lob

o golpe de direita
forehand

o golpe de esquerda
backhand

os jogos de raquete • racquet games

o volante
shuttlecock

a raquete
bat

o badminton
badminton

o ténis de mesa
table tennis

o squash
squash

o raquetebol
racquetball

o golfe • golf

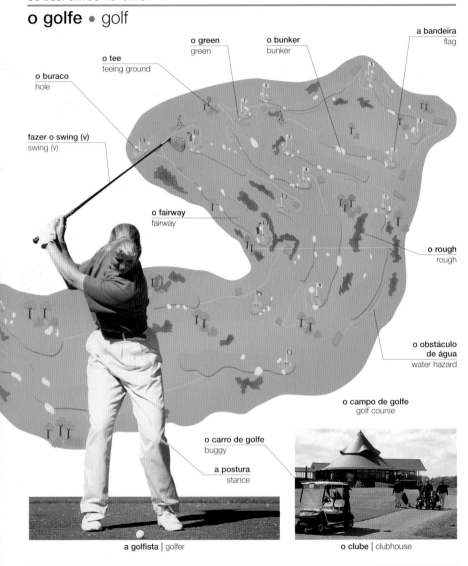

o buraco
hole

o tee
teeing ground

o green
green

o bunker
bunker

a bandeira
flag

fazer o swing (v)
swing (v)

o fairway
fairway

o rough
rough

o obstáculo
de água
water hazard

o campo de golfe
golf course

o carro de golfe
buggy

a postura
stance

a golfista | golfer

o clube | clubhouse

português • english

o equipamento • equipment

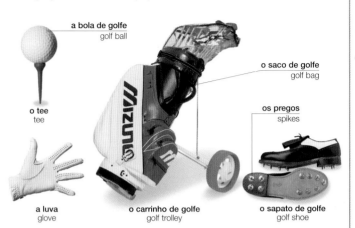

a bola de golfe
golf ball

o tee
tee

a luva
glove

o saco de golfe
golf bag

os pregos
spikes

o carrinho de golfe
golf trolley

o sapato de golfe
golf shoe

os tacos de golfe • golf clubs

o taco de madeira
wood

o putter
putter

o taco de ferro
iron

o wedge
wedge

as acções • actions

iniciar (v)
tee-off (v)

dar uma tacada longa (v)
drive (v)

fazer um putt (v)
putt (v)

fazer um chip (v)
chip (v)

vocabulário • vocabulary

o par par	**acima do par** over par	**o handicap** handicap	**o caddie** caddy	**o backswing** backswing	**o golpe** stroke
abaixo do par under par	**o buraco com uma tacada** hole in one	**o torneio** tournament	**os espectadores** spectators	**o swing de prática** practice swing	**a linha de jogo** line of play

o atletismo • athletics

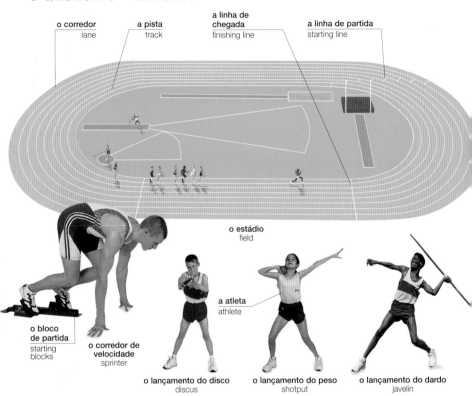

o corredor
lane

a pista
track

a linha de chegada
finishing line

a linha de partida
starting line

o estádio
field

o bloco de partida
starting blocks

o corredor de velocidade
sprinter

a atleta
athlete

o lançamento do disco
discus

o lançamento do peso
shotput

o lançamento do dardo
javelin

vocabulário • vocabulary

a corrida race	o recorde record	o photo finish photo finish	o salto à vara pole vault
o tempo time	bater recorde (v) break a record (v)	a maratona marathon	a melhor marca pessoal personal best

o cronómetro
stopwatch

o bastão
baton

a barra
crossbar

a corrida de estafetas
relay race

o salto em altura
high jump

o salto em comprimento
long jump

a corrida de barreiras
hurdles

a ginástica • gymnastics

o trampolim
springboard

a ginasta
gymnast

o cavalo
horse

o salto mortal
somersault

a trave | beam

a fita
ribbon

o tapete
praticável
mat

o salto de cavalo
vault

os exercícios de solo
floor exercises

a pirueta
tumble

ginástica rítmica
rhythmic gymnastics

vocabulário • vocabulary

a barra horizontal horizontal bar	o cavalo com arções pommel horse	as argolas rings	as medalhas medals	de prata silver
as paralelas parallel bars	as paralelas assimétricas asymmetric bars	o pódio podium	de ouro gold	de bronze bronze

os desportos de combate • combat sports

o adversário
opponent

o protector
guard

a luva
glove

a faixa
belt

o tae kwon do | tae-kwon-do

o karaté | karate

a máscara
mask

a espada
sword

o judo | judo

o aikido | aikido

o kendo | kendo

o kung fu | kung fu

o kickboxing | kickboxing

a luta livre | wrestling

o jogo de boxe | boxing

as acções • actions

a queda | fall

o agarrar | hold

a projecção | throw

a imobilização | pin

o pontapé | kick

o soco | punch

o ataque | strike

o pontapé em salto | jump

o bloqueio | block

o ataque de mão
aberta | chop

---

vocabulário • vocabulary

o ringue de boxe boxing ring	o assalto round	o punho fist	a faixa preta black belt	a capoeira capoeira
as luvas de boxe boxing gloves	o combate bout	o nocaute knock out	a defesa pessoal self defence	a luta sumo sumo wrestling
o protector dos dentes mouth guard	o treinamento sparring	o saco de boxe punch bag	as artes marciais martial arts	o tai-chi tai-chi

---

a natação • swimming
o equipamento • equipment

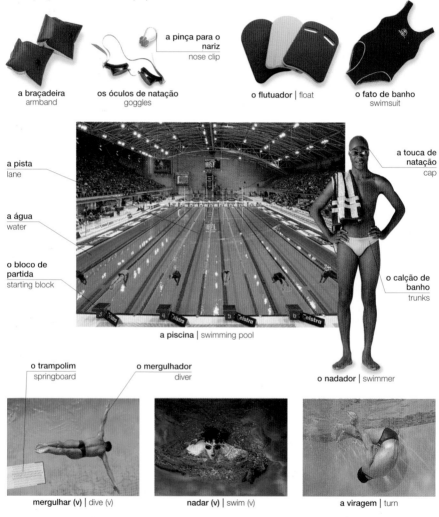

a pinça para o nariz
nose clip

a braçadeira
armband

os óculos de natação
goggles

o flutuador | float

o fato de banho
swimsuit

a pista
lane

a água
water

o bloco de partida
starting block

a touca de natação
cap

o calção de banho
trunks

a piscina | swimming pool

o nadador | swimmer

o trampolim
springboard

o mergulhador
diver

mergulhar (v) | dive (v)

nadar (v) | swim (v)

a viragem | turn

os estilos • styles

crawl | front crawl

bruços | breaststroke

a braçada
stroke

a pernada
kick

costas | backstroke

mariposa | butterfly

o mergulho submarino • scuba diving

o fato isotérmico
wetsuit

a barbatana
flipper

o cinto de pesos
weight belt

a garrafa de ar
air cylinder

a máscara
mask

o regulador
regulator

o tubo de
respiração
snorkel

vocabulário • vocabulary

o mergulho dive	fazer água (v) tread water (v)	os cacifos lockers	o pólo aquático water polo	a parte pouco profunda shallow end	a cãibra cramp
o mergulho alto high dive	o mergulho de partida racing dive	o salva- vidas lifeguard	a parte profunda deep end	a natação sincronizada synchronized swimming	afogar-se (v) drown (v)

a vela • sailing

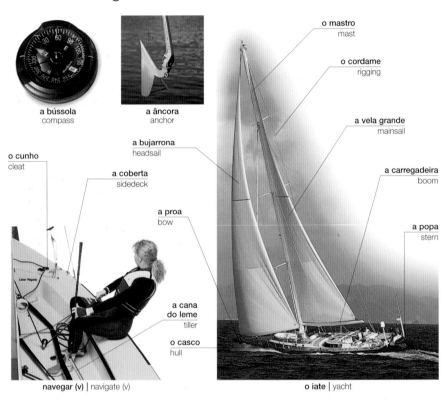

a bússola
compass

a âncora
anchor

o mastro
mast

o cordame
rigging

a vela grande
mainsail

o cunho
cleat

a bujarrona
headsail

a coberta
sidedeck

a carregadeira
boom

a proa
bow

a popa
stern

a cana
do leme
tiller

o casco
hull

navegar (v) | navigate (v)

o iate | yacht

a segurança • safety

o sinal luminoso
flare

a bóia de salvação
lifebuoy

o colete de salvação
life jacket

a balsa de salvamento
life raft

os desportos aquáticos • watersports

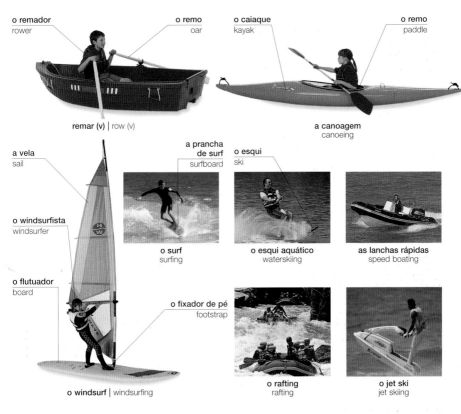

o remador
rower

o remo
oar

remar (v) | row (v)

o caiaque
kayak

o remo
paddle

a canoagem
canoeing

a vela
sail

a prancha
de surf
surfboard

o esqui
ski

o windsurfista
windsurfer

o surf
surfing

o esqui aquático
waterskiing

as lanchas rápidas
speed boating

o flutuador
board

o fixador de pé
footstrap

o windsurf | windsurfing

o rafting
rafting

o jet ski
jet skiing

vocabulário • vocabulary

o esquiador aquático waterskier	a tripulação crew	o vento wind	a rebentação surf	a escota sheet	o patilhão centreboard
o surfista surfer	virar (v) tack (v)	a onda wave	os rápidos rapids	o leme rudder	virar (v) capsize (v)

a equitação • horse riding

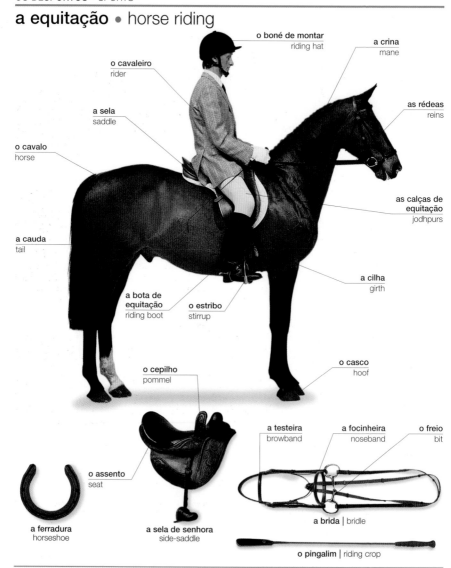

o boné de montar
riding hat

a crina
mane

o cavaleiro
rider

as rédeas
reins

a sela
saddle

o cavalo
horse

as calças de
equitação
jodhpurs

a cauda
tail

a cilha
girth

a bota de
equitação
riding boot

o estribo
stirrup

o casco
hoof

o cepilho
pommel

a testeira
browband

a focinheira
noseband

o freio
bit

o assento
seat

a brida | bridle

a ferradura
horseshoe

a sela de senhora
side-saddle

o pingalim | riding crop

as modalidades • events

o cavalo de corridas
racehorse

a barreira
fence

a corrida de cavalos | horse race

a corrida de obstáculos | steeplechase

a corrida de trote | harness race

o rodeio | rodeo

o concurso hípico de saltos | showjumping

a corrida de carruagens | carriage race

o passeio a cavalo | trekking

a dressage | dressage

o pólo | polo

---

vocabulário • vocabulary

o passo walk	**o galope leve** canter	**o salto** jump	**o cabresto** halter	**o cercado** paddock	**a corrida plana** flat race
o trote trot	**o galope** gallop	**o moço de estrebaria** groom	**o estábulo** stable	**a arena** arena	**o hipódromo** racecourse

a pesca • fishing

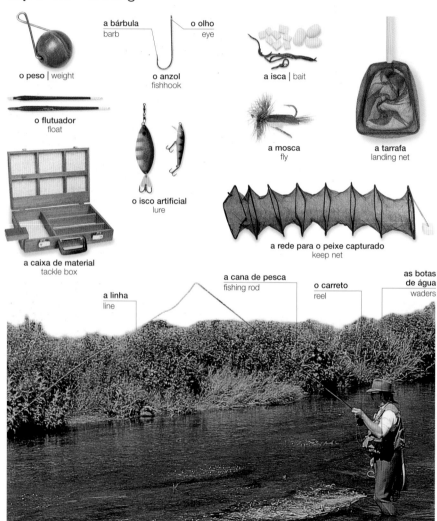

o peso | weight

a bárbula
barb

o olho
eye

o anzol
fishhook

a isca | bait

o flutuador
float

a mosca
fly

a tarrafa
landing net

o isco artificial
lure

a caixa de material
tackle box

a rede para o peixe capturado
keep net

a cana de pesca
fishing rod

o carreto
reel

as botas
de água
waders

a linha
line

o pescador à linha | angler

os tipos de pesca • types of fishing

a pesca em água doce
freshwater fishing

a pesca com mosca
fly fishing

a pesca desportiva
sport fishing

a pesca de alto mar
deep sea fishing

a pesca surfcasting
surfcasting

as acções • activities

lançar (v)
cast (v)

apanhar (v)
catch (v)

recolher (v)
reel in (v)

**apanhar com
a rede (v)**
net (v)

libertar (v)
release (v)

vocabulário • vocabulary

iscar (v) bait (v)	**o material** tackle	**a roupa impermeável** waterproofs	**a licença de pesca** fishing permit	**o cesto** creel
morder (v) bite (v)	**o tambor** spool	**a vara** pole	**a pesca marítima** marine fishing	**a pesca com arpão** spearfishing

o esqui • skiing

a pista de equi
ski slope

a telecadeira
chairlift

o teleférico
cable car

a luva
glove

o bastão
ski pole

a lâmina
edge

a ponta
tip

a pista de esqui
ski run

a barreira de segurança
safety barrier

o esqui
ski

o casaco para esqui
ski jacket

a esquiadora
skier

a bota de esqui
ski boot

as modalidades • events

o esqui downhill
downhill skiing

a porta
gate

o slalom
slalom

o salto
ski jump

o esqui de fundo
cross-country skiing

os desportos de inverno • winter sports

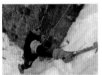

a escalada no gelo
ice climbing

a patinagem no gelo
ice-skating

os óculos
goggles

o patim
skate

a patinagem artística
figure skating

o snowboarding
snowboarding

o bobsleigh
bobsleigh

o luge
luge

vocabulário • vocabulary

o esqui alpino
alpine skiing

o slalom gigante
giant slalom

fora da pista
off-piste

o curling
curling

o trenó com cães
dog sledding

a patinagem de velocidade
speed skating

o biatlo
biathlon

a avalanche
avalanche

a mota de neve
snowmobile

andar de trenó
sledding

outros desportos • other sports

o planador
glider

a asa delta
hang-glider

o voo planado
gliding

o pára-quedas
parachute

o voo com asa delta
hang-gliding

a corda
rope

a escalada
rock climbing

o paraquedismo
parachuting

o parapente
paragliding

o paraquedismo em queda livre
skydiving

o rapel
abseiling

o bungee-jumping
bungee jumping

o rally
rally driving

o piloto de
corridas
racing driver

o automobilismo
motor racing

o motocross
motorcross

o motociclismo
motorbike racing

o skate
skateboard

andar de skate
skateboarding

a patinagem em linha
inline skating

a raquete
stick

o lacrosse
lacrosse

a máscara
mask

o florete
foil

a esgrima
fencing

o paulito
pin

a flecha
arrow

a aljava
quiver

o arco
bow

o tiro ao arco
archery

o alvo
target

o tiro ao alvo
target shooting

a bola de
bowling
bowling ball

o bowling
bowling

o bilhar americano
pool

o snooker
snooker

a forma física • fitness

a bicicleta fixa
exercise bike

a máquina de exercício
gym machine

o banco
bench

os pesos
free weights

a barra
bar

o ginásio
gym

a máquina de remo
rowing machine

a passadeira
treadmill

a bicicleta elíptica
cross trainer

a treinadora pessoal
personal trainer

a máquina de step
step machine

a piscina
swimming pool

a sauna
sauna

os exercícios • exercises

o alongamento
stretch

a flexão com alongamento
lunge

os collants sem pés
tights

a flexão
press-up

o agachamento
squat

o abdominal
sit-up

o peso
dumb bell

a rosca bíceps
bicep curl

o leg press
leg press

o chest press
chest press

o ténis
trainers

a barra de pesos
weight bar

o levantamento de pesos
weight training

o jogging
jogging

o Pilates
Pilates

vocabulário • vocabulary

treinar (v) train (v)	fazer corrida estática (v) jog on the spot (v)	alongar (v) extend (v)	o boxercise boxercise	saltar à corda (v) skipping
aquecer (v) warm up (v)	flexionar (v) flex (v)	levantar (v) pull up (v)	o treino em circuito circuit training	

o lazer
leisure

o teatro • theatre

a cortina
curtain

os bastidores
wings

o cenário
set

o público
audience

a orquestra
orchestra

o palco | stage

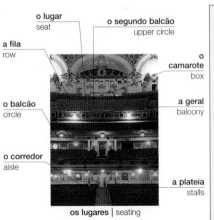

o lugar
seat

o segundo balcão
upper circle

a fila
row

o camarote
box

o balcão
circle

a geral
balcony

o corredor
aisle

a plateia
stalls

os lugares | seating

vocabulário • vocabulary

o elenco cast	o guião script	a estreia first night
o actor actor	o pano de fundo backdrop	o intervalo interval
a actriz actress	o director director	o programa programme
a peça play	o produtor producer	o fosso da orquestra orchestra pit

o concerto | concert

o musical | musical

o traje
costume

o bailado | ballet

vocabulário • vocabulary

o arrumador
usher

a música clássica
classical music

a partitura
musical score

a banda sonora
soundtrack

aplaudir (v)
applaud (v)

o bis
encore

A que horas começa?
What time does it start?

Queria dois bilhetes para a sessão desta noite.
I'd like two tickets for tonight's performance.

a ópera | opera

o cinema • cinema

as pipocas
popcorn

o foyer
lobby

a bilheteira
box office

o cartaz
poster

o cinema
cinema hall

o ecrã
screen

vocabulário • vocabulary

a comédia
comedy

o filme de suspense
thriller

o filme de terror
horror film

o filme do oeste
western

o filme romântico
romance

o filme de ficção científica
science fiction film

o filme de aventura
adventure

o filme de desenhos animados
animated film

a orquestra • orchestra

os instrumentos de corda • strings

a harpa
harp

o maestro
conductor

o contrabaixo
double bass

o violino
violin

o pódio
podium

a viola
viola

o violoncelo
cello

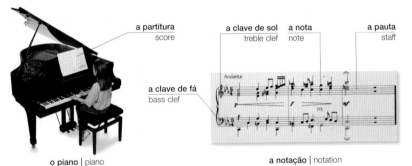

a partitura
score

a clave de sol
treble clef

a nota
note

a pauta
staff

a clave de fá
bass clef

o piano | piano

a notação | notation

---

vocabulário • vocabulary

a abertura overture	a sonata sonata	a pausa rest	sustenido sharp	natural natural	a escala scale
a sinfonia symphony	os instrumentos instruments	o tom pitch	bemol flat	a barra bar	a batuta baton

---

os instrumentos de sopro de madeira • woodwind

o flautim
piccolo

a flauta
flute

o oboé
oboe

o corne inglês
cor anglais

o clarinete
clarinet

o clarinete baixo
bass clarinet

o fagote
bassoon

o contrafagote
double bassoon

o saxofone
saxophone

os instrumentos de percussão • percussion

o vibrafone
vibraphone

os bongos
bongos

o tambor pequeno
snare drum

o tímbale
kettledrum

o tantã
gong

o címbalo
cymbals

a pandeireta
tambourine

os pedais
foot pedals

o triângulo
triangle

as maracas
maracas

os instrumentos de sopro de metal • brass

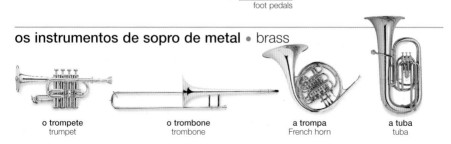

o trompete
trumpet

o trombone
trombone

a trompa
French horn

a tuba
tuba

o concerto • concert

o concerto de rock | rock concert

os instrumentos • instruments

os estilos musicais • musical styles

o jazz
jazz

o blues
blues

o punk
punk

a música folk
folk music

a pop
pop

a música de dança
dance

o rap
rap

o heavy metal
heavy metal

a música clássica
classical music

---

vocabulário • vocabulary

a canção	**a letra**	**a melodia**	**o ritmo**	**o reggae**	**a música country**	**o holofote**
song	lyrics	melody	beat	reggae	country	spotlight

---

o turismo • sightseeing

o turista
tourist

o itinerário
itinerary

descoberto
open-top

o autocarro turístico | tour bus

a guia
turística
tour guide

a estatueta
statuette

a atracção turística | tourist attraction

a visita guiada
guided tour

as recordações
souvenirs

---

vocabulário • vocabulary

aberto open	**o guia** guide book	**a câmara** **de vídeo** camcorder	**esquerda** left	**Onde fica...?** Where is…?
fechado closed	**o filme** film	**a máquina** **fotográfica** camera	**direita** right	**Perdi-me.** I'm lost.
o preço da **entrada** entrance fee	**as pilhas** batteries	**as indicações** directions	**a direito** straight on	**Pode indicar-me** **o caminho para…?** Can you tell me the way to….?

as atracções • attractions

o quadro
painting

a peça exposta
exhibit

a exposição
exhibition

as ruínas famosas
famous ruin

a galeria de arte
art gallery

o monumento
monument

o museu
museum

o edifício histórico
historic building

o casino
casino

os jardins
gardens

o parque nacional
national park

a informação • information

as horas
times

a planta
floor plan

o mapa
map

o horário
timetable

o posto de informação
turística
tourist information

as actividades ao ar livre • outdoor activities

o caminho
para peões
footpath

o relógio de sol
sundial

o café
café

o parque | park

a relva
grass

o banco
bench

os jardins
clássicos
formal gardens

a montanha russa
roller coaster

a feira
fairground

o parque temático
theme park

o parque de safari
safari park

o jardim zoológico
zoo

as actividades • activities

o ciclismo
cycling

o jogging
jogging

andar de skate
skateboarding

a patinagem
rollerblading

o caminho equestre
bridle path

a ornitologia
bird watching

a equitação
horse riding

o pedestrianismo
hiking

a cesta
hamper

o piquenique
picnic

o parque infantil • playground

a caixa de areia
sandpit

a piscina plástica
paddling pool

os baloiços
swings

o balancé | seesaw

o escorrega | slide

a estrutura para escalar
climbing frame

a praia • beach

o hotel	o guarda-sol	o toldo	a areia	a onda	o mar
hotel	beach umbrella	beach hut	sand	wave	sea

o saco de praia
beach bag

o biquini
bikini

tomar banhos de sol (v) | sunbathe (v)

o salva-vidas
lifeguard

a torre de vigilância
lifeguard tower

o corta-vento
windbreak

o passeio marítimo
promenade

a espreguiçadeira
deck chair

os óculos de sol
sunglasses

o chapéu de sol
sunhat

o creme solar
suntan lotion

o protector solar total
sunblock

a bola de praia
beach ball

a bóia
rubber ring

o fato de banho
swimsuit

a pá
spade

o balde
bucket

o castelo de areia
sandcastle

a toalha de praia
beach towel

a concha
shell

o campismo • camping

as casas de banho
toilets

o contentor do lixo
waste disposal

os duches
shower block

o ponto de ligação eléctrica
electric hook-up

o tecto duplo
flysheet

a estaca da tenda
tent peg

a corda
guy rope

a caravana
caravan

o parque de campismo | campsite

---

vocabulário • vocabulary

acampar (v) camp (v)	**o lugar** pitch	**a mesa de piquenique** picnic bench	**o carvão** charcoal
o escritório do chefe do parque site manager's office	**montar uma tenda (v)** pitch a tent (v)	**a cama de rede** hammock	**a acendalha** firelighter
há lugares disponíveis pitches available	**a estaca da tenda** tent pole	**a roulotte** camper van	**acender uma fogueira (v)** light a fire (v)
cheio full	**a cama de campismo** camp bed	**o atrelado** trailer	**a fogueira** campfire

---

a estrutura
frame

a base isolante
ground sheet

a mochila
backpack

o termo
vacuum flask

o cantil
water bottle

a tenda
tent

o repelente de insectos
insect repellent

a lanterna
torch

o mosquiteiro
mosquito net

a roupa
termo-isolante
thermals

as botas de trekking
walking boots

a roupa impermeável
waterproofs

o saco de dormir
sleeping bag

a esteira
sleeping mat

o fogão de
campismo
camping stove

o churrasco
barbecue

o colchão insuflável | air mattress

o entretenimento no lar • home entertainment

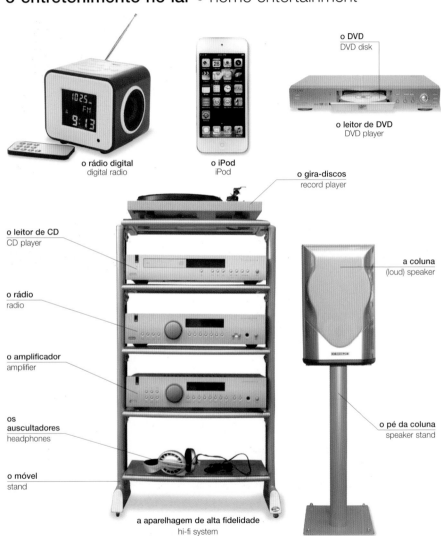

o DVD
DVD disk

o rádio digital
digital radio

o iPod
iPod

o leitor de DVD
DVD player

o gira-discos
record player

o leitor de CD
CD player

a coluna
(loud) speaker

o rádio
radio

o amplificador
amplifier

os auscultadores
headphones

o pé da coluna
speaker stand

o móvel
stand

a aparelhagem de alta fidelidade
hi-fi system

o ecrã
screen

a viseira
eyecup

a box digital
digital box

a câmara de vídeo
camcorder

a antena parabólica
satellite dish

o televisor de
ecrã plano
flatscreen TV

a consola
console

o avanço rápido
fast forward

a pausa
pause

gravar
record

o volume
volume

rebobinar (v)
rewind

parar
stop

o comando
controller

ler
play

o jogo de vídeo | video game

o telecomando | remote control

vocabulário • vocabulary

o disco compacto compact disc	o anúncio advertisement	a televisão por cabo cable television	o programa programme	ver a televisão (v) watch television (v)
a cassete cassette tape	digital digital	o canal pay-per-view pay per view channel	o estéreo stereo	desligar a televisão (v) turn the television off (v)
o leitor de cassetes cassette player	o streaming streaming	mudar de canal (v) change channel (v)	o wifi wifi	sintonizar o rádio (v) tune the radio (v)
o longa metragem feature film	alta definição high-definition	ligar a televisão (v) turn the television on (v)	o box Freeview freeview box	

a fotografia • photography

o disparador
shutter release

o botão da abertura
do diafragma
aperture dial

a objectiva
lens

o filtro
filter

a tampa da objectiva
lens cap

a câmara SLR | SLR camera

o flash electrónico
flash gun

o fotómetro
lightmeter

a teleobjectiva
zoom lens

o tripé
tripod

os tipos de câmara • types of camera

a câmara Polaroid
polaroid camera

o flash
flash

a câmara digital
digital camera

o telemóvel com câmara
cameraphone

a câmara descartável
disposable camera

fotografar (v) • photograph (v)

a película
film

focar (v)
focus (v)

revelar (v)
develop (v)

o negativo
negative

o rolo
film spool

o formato horizontal
landscape

o formato vertical
portrait

a fotografia | photograph

o álbum de fotografias
photo album

a moldura
photo frame

os problemas • problems

subexposto
underexposed

sobrexposto
overexposed

desfocado
out of focus

os olhos vermelhos
red eye

vocabulário • vocabulary

o visor
viewfinder

a foto (revelada)
print

o estojo da câmara
camera case

mate
mat

a exposição
exposure

brilhante
gloss

a câmara escura
darkroom

a ampliação
enlargement

Gostaria de revelar este rolo.
I'd like this film processed

os jogos • games

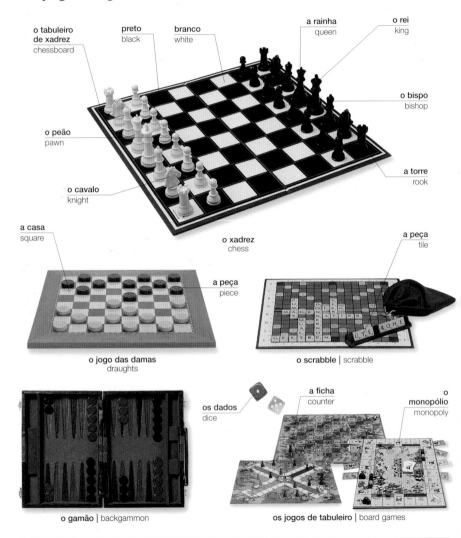

o tabuleiro
de xadrez
chessboard

preto
black

branco
white

a rainha
queen

o rei
king

o bispo
bishop

o peão
pawn

a torre
rook

o cavalo
knight

a casa
square

o xadrez
chess

a peça
tile

a peça
piece

o jogo das damas
draughts

o scrabble | scrabble

os dados
dice

a ficha
counter

o
monopólio
monopoly

o gamão | backgammon

os jogos de tabuleiro | board games

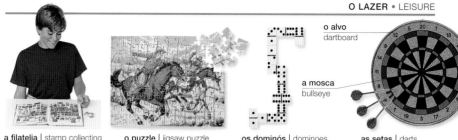

a filatelia | stamp collecting   **o puzzle** | jigsaw puzzle   **os dominós** | dominoes   **as setas** | darts

o alvo
dartboard

a mosca
bullseye

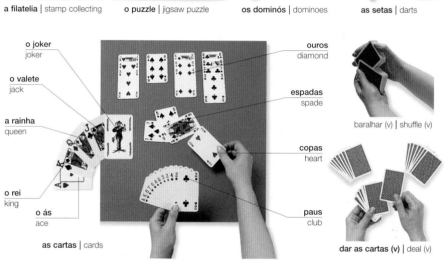

o joker
joker

o valete
jack

a rainha
queen

o rei
king

o ás
ace

ouros
diamond

espadas
spade

copas
heart

paus
club

as cartas | cards

baralhar (v) | shuffle (v)

dar as cartas (v) | deal (v)

---

vocabulário • vocabulary

a jogada move	**ganhar (v)** win (v)	**o perdedor** loser	**o ponto** point	**o bridge** bridge	**Lança os dados.** Roll the dice.
jogar (v) play (v)	**o vencedor** winner	**o jogo** game	**a pontuação** score	**o baralho** pack of cards	**É a vez de quem?** Whose turn is it?
o jogador player	**perder (v)** lose (v)	**a aposta** bet	**o poker** poker	**o naipe** suit	**É a tua vez.** It's your move.

as artes manuais • arts and crafts 1

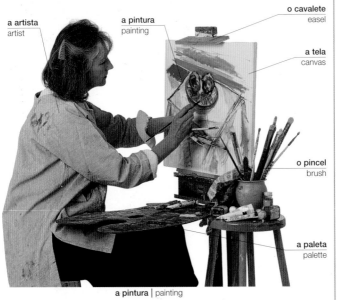

a artista
artist

a pintura
painting

o cavalete
easel

a tela
canvas

o pincel
brush

a paleta
palette

a pintura | painting

as tintas de óleo
oil paints

as aguarelas
watercolour paint

os pastéis
pastels

a tinta acrílica
acrylic paint

o guache
poster paint

as cores • colours

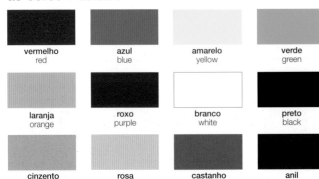

vermelho red	**azul** blue	**amarelo** yellow	**verde** green
laranja orange	**roxo** purple	**branco** white	**preto** black
cinzento grey	**rosa** pink	**castanho** brown	**anil** indigo

outras artes manuais • other crafts

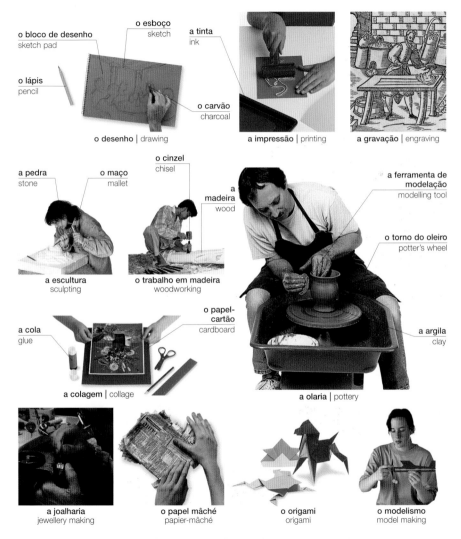

o esboço
sketch

o bloco de desenho
sketch pad

o lápis
pencil

o carvão
charcoal

o desenho | drawing

a tinta
ink

a impressão | printing

a gravação | engraving

o cinzel
chisel

a pedra
stone

o maço
mallet

a madeira
wood

a escultura
sculpting

o trabalho em madeira
woodworking

a ferramenta de
modelação
modelling tool

o torno do oleiro
potter's wheel

a cola
glue

o papel-
cartão
cardboard

a argila
clay

a colagem | collage

a olaria | pottery

a joalharia
jewellery making

o papel mâché
papier-mâché

o origami
origami

o modelismo
model making

as artes manuais 2 • arts and crafts 2

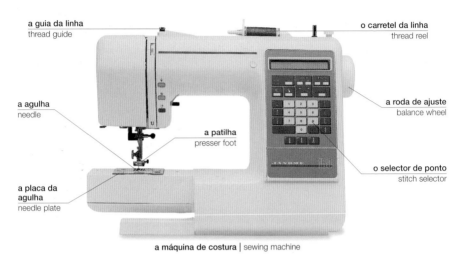

a guia da linha
thread guide

o carretel da linha
thread reel

a agulha
needle

a patilha
presser foot

a roda de ajuste
balance wheel

a placa da agulha
needle plate

o selector de ponto
stitch selector

a máquina de costura | sewing machine

a tesoura
scissors

o molde
pattern

a almofada de alfinetes
pincushion

a fita métrica
tape measure

o tecido
material

o alfinete
pin

o cesto de costura
sewing basket

a linha
thread

o colchete fêmea
eye

a bobina
bobbin

o colchete macho
hook

o dedal
thimble

o marcador
tailor's chalk

o manequim
tailor's dummy

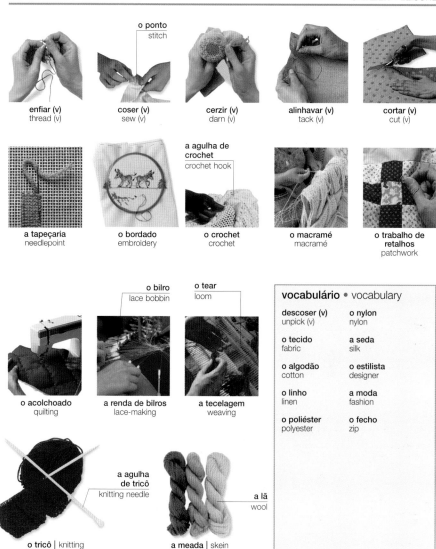

enfiar (v)
thread (v)

o ponto
stitch

coser (v)
sew (v)

cerzir (v)
darn (v)

alinhavar (v)
tack (v)

cortar (v)
cut (v)

a tapeçaria
needlepoint

o bordado
embroidery

a agulha de crochet
crochet hook

o crochet
crochet

o macramé
macramé

o trabalho de retalhos
patchwork

o bilro
lace bobbin

o tear
loom

o acolchoado
quilting

a renda de bilros
lace-making

a tecelagem
weaving

o tricô | knitting

a agulha de tricô
knitting needle

a lã
wool

a meada | skein

vocabulário • vocabulary

descoser (v)	o nylon
unpick (v)	nylon
o tecido	a seda
fabric	silk
o algodão	o estilista
cotton	designer
o linho	a moda
linen	fashion
o poliéster	o fecho
polyester	zip

o ambiente
environment

o espaço • space

Mercúrio
Mercury

Terra
Earth

Marte
Mars

Júpiter
Jupiter

Urano
Uranus

Neptuno
Neptune

Plutão
Pluto

Vénus
Venus

Sol
Sun

Lua
Moon

Saturno
Saturn

o sistema solar | solar system

a galáxia
galaxy

a nebulosa
nebula

o asteróide
asteroid

a cauda
tail

a estrela
star

o cometa
comet

vocabulário • vocabulary

o universo
universe

a órbita
orbit

a gravidade
gravity

o buraco
negro
black hole

o planeta
planet

o meteoro
meteor

a lua cheia
full moon

a lua nova
new moon

o quarto
crescente
crescent moon

o eclipse | eclipse

a exploração do espaço • space exploration

o vaivém espacial
space shuttle

o lança-foguetes
booster

o propulsor
thruster

o fato espacial
space suit

o radar
radar

a escotilha
crew hatch

o astronauta | astronaut

o módulo lunar | lunar module

a rampa de lançamento
launch pad

o lançamento
launch

o satélite
satellite

a estação espacial
space station

a astronomia • astronomy

a constelação
constellation

o binóculo
binoculars

o telescópio
telescope

o tripé
tripod

a Terra • Earth

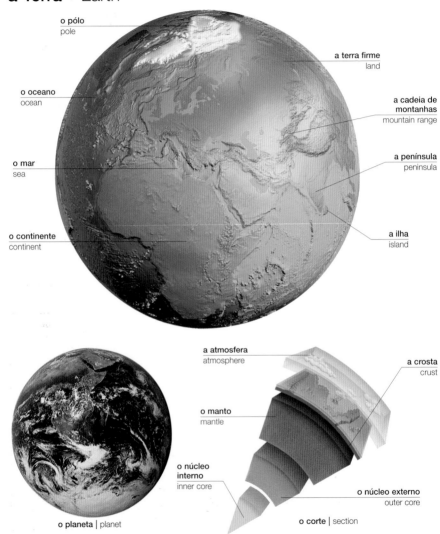

o pólo
pole

a terra firme
land

o oceano
ocean

a cadeia de
montanhas
mountain range

o mar
sea

a península
peninsula

o continente
continent

a ilha
island

a atmosfera
atmosphere

a crosta
crust

o manto
mantle

o núcleo
interno
inner core

o núcleo externo
outer core

o planeta | planet

o corte | section

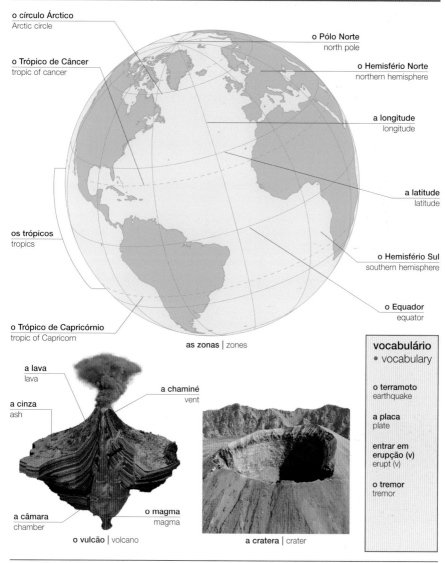

o círculo Árctico
Arctic circle

o Trópico de Câncer
tropic of cancer

o Pólo Norte
north pole

o Hemisfério Norte
northern hemisphere

a longitude
longitude

a latitude
latitude

os trópicos
tropics

o Hemisfério Sul
southern hemisphere

o Equador
equator

o Trópico de Capricórnio
tropic of Capricorn

as zonas | zones

a lava
lava

a chaminé
vent

a cinza
ash

a câmara
chamber

o magma
magma

o vulcão | volcano

a cratera | crater

vocabulário • vocabulary

o terramoto
earthquake

a placa
plate

entrar em
erupção (v)
erupt (v)

o tremor
tremor

a paisagem • landscape

a montanha
mountain

a encosta
slope

a margem
bank

o rio
river

os rápidos
rapids

as rochas
rocks

o glaciar
glacier

o vale | valley

a colina
hill

o planalto
plateau

o desfiladeiro
gorge

a caverna
cave

a planície | plain

o deserto | desert

a floresta | forest

o bosque | wood

a floresta tropical
rainforest

o pântano
swamp

o prado
meadow

a pradaria
grassland

a queda de água
waterfall

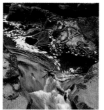
o ribeiro
stream

o lago
lake

o géiser
geyser

a costa
coast

o penhasco
cliff

o recife de coral
coral reef

o estuário
estuary

o tempo • weather

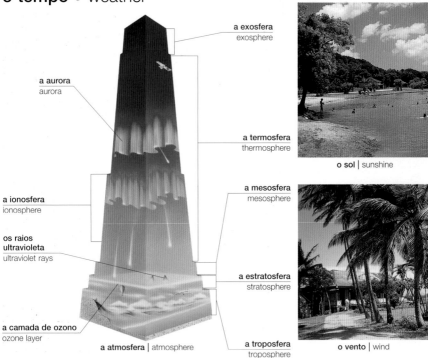

a exosfera
exosphere

a aurora
aurora

a termosfera
thermosphere

a ionosfera
ionosphere

os raios
ultravioleta
ultraviolet rays

a mesosfera
mesosphere

a estratosfera
stratosphere

a camada de ozono
ozone layer

a troposfera
troposphere

a atmosfera | atmosphere

o sol | sunshine

o vento | wind

vocabulário • vocabulary

a chuva com neve sleet	o aguaceiro shower	muito quente hot	seco dry	ventoso windy	Tenho calor/frio. I'm hot/cold.
o granizo hail	soalheiro sunny	frio cold	chuvoso wet	o temporal gale	Está a chover. It's raining.
o trovão thunder	nublado cloudy	quente warm	húmido humid	a temperatura temperature	A temperatura é de... graus. It's … degrees.

a nuvem | cloud

a chuva | rain

o relâmpago
lightning

a tempestade | storm

a neblina | mist

o nevoeiro | fog

o arco-íris | rainbow

a neve | snow

a geada | frost

o sincelo
icicle

o gelo | ice

a vaga de frio | freeze

o furacão | hurricane

o tornado | tornado

a monção | monsoon

a inundação | flood

as rochas • rocks

ígneas • igneous

o granito
granite

a obsidiana
obsidian

o basalto
basalt

a pedra-pomes
pumice

sedimentares • sedimentary

o arenito
sandstone

a pedra calcária
limestone

o cré
chalk

a pederneira
flint

o conglomerado
conglomerate

o carvão
coal

metamórficas • metamorphic

a ardósia
slate

o xisto
schist

o gnaisse
gneiss

o mármore
marble

as pedras preciosas • gems

o rubi
ruby

a água-marinha
aquamarine

a ametista
amethyst

o jade
jade

o diamante
diamond

o azeviche
jet

a esmeralda
emerald

a opala
opal

a safira
sapphire

a pedra lunar
moonstone

a granada
garnet

o topázio
topaz

a turmalina
tourmaline

os minerais • minerals

o quartzo
quartz

a mica
mica

a pirite
sulphur

a hematite
hematite

a calcite
calcite

a malaquite
malachite

a turquesa
turquoise

o ónix
onyx

a ágata
agate

a grafite
graphite

os metais • metals

o ouro
gold

a prata
silver

a platina
platinum

o níquel
nickel

o ferro
iron

o cobre
copper

o estanho
tin

o alumínio
aluminium

o mercúrio
mercury

o zinco
zinc

os animais 1 • animals 1
os mamíferos • mammals

o bigode
whiskers

a cauda
tail

o coelho
rabbit	o hamster
hamster	o rato
mouse	a ratazana
rat	o ouriço
hedgehog
o esquilo
squirrel	o morcego
bat	o guaxinim
raccoon	a raposa
fox	o lobo
wolf

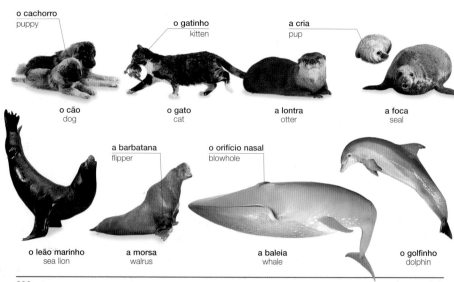

o cachorro
puppy

o gatinho
kitten

a cria
pup

o cão
dog

o gato
cat

a lontra
otter

a foca
seal

a barbatana
flipper

o orifício nasal
blowhole

o leão marinho
sea lion

a morsa
walrus

a baleia
whale

o golfinho
dolphin

o chifre / antler

a crina / mane

a corcova / hump

o casco / hoof

o veado / deer

a zebra / zebra

a girafa / giraffe

o dromedário / camel

a tromba / trunk

o dente / tusk

o corno / horn

o hipopótamo / hippopotamus

o elefante / elephant

o rinoceronte / rhinoceros

o tigre / tiger

a juba / mane

o leão / lion

o macaco / monkey

o gorila / gorilla

o koala / koala

a bolsa / pouch

o panda / panda

a garra / claw

o canguru / kangaroo

o urso / bear

o urso polar / polar bear

os animais 2 • animals 2
as aves • birds

o canário
canary

o pardal
sparrow

o colibri
hummingbird

a cauda
tail

a andorinha
swallow

o corvo
crow

o pombo
pigeon

o pica-pau
woodpecker

o falcão
falcon

o mocho
owl

a gaivota
gull

a águia
eagle

o pelicano
pelican

o flamingo
flamingo

a cegonha
stork

o grou
crane

o pinguim
penguin

a avestruz
ostrich

os répteis • reptiles

o ganso | goose

o cisne
swan

o pavão
peacock

o faisão
pheasant

o peru
turkey

o bico
bill

a pena
feather

a asa
wing

a catatua
cockatoo

a garra
claw

o papagaio
parrot

as escamas
scales

o jacaré
alligator

o lagarto
lizard

a iguana
iguana

a carapaça
shell

a tartaruga marinha
turtle

a tartaruga terrestre
tortoise

a serpente
snake

o focinho
snout

o crocodilo
crocodile

os animais 3 • animals 3
os anfíbios • amphibians

a rã	o sapo	o girino	a salamandra
frog	toad	tadpole	salamander

os peixes • fish

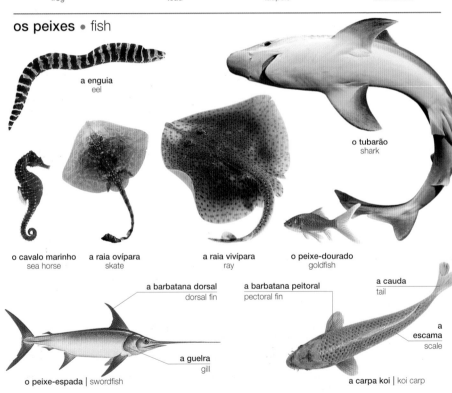

a enguia
eel

o tubarão
shark

o cavalo marinho · a raia ovípara
sea horse · skate

a raia vivípara
ray

o peixe-dourado
goldfish

a barbatana dorsal
dorsal fin

a barbatana peitoral
pectoral fin

a cauda
tail

a escama
scale

a guelra
gill

o peixe-espada | swordfish

a carpa koi | koi carp

os invertebrados • invertebrates

a formiga
ant

a térmite
termite

a abelha
bee

a vespa
wasp

o escaravelho
beetle

a barata
cockroach

a mariposa
moth

a antena
antenna

a borboleta
butterfly

o casulo
cocoon

a lagarta
caterpillar

o grilo
cricket

o gafanhoto
grasshopper

o louva-a-deus
praying mantis

a picada
sting

o escorpião
scorpion

a centopeia
centipede

a libelinha
dragonfly

a mosca
fly

o mosquito
mosquito

a joaninha
ladybird

a aranha
spider

a lesma
slug

o caracol
snail

a minhoca
worm

a estrela-do-mar
starfish

o mexilhão
mussel

o caranguejo
crab

homar
lobster

o polvo
octopus

a lula
squid

a alforreca
jellyfish

as plantas • plants

a árvore • tree

o ramo
branch

a folha
leaf

o raminho
twig

a casca
bark

o salgueiro
willow

a raiz
root

o tronco
trunk

o carvalho
oak

o álamo
poplar

o eucalipto
eucalyptus

o larício
larch

a faia
beech

a bétula
birch

o pinheiro
pine

o cedro
cedar

o ácer
maple

o olmo
elm

a tília
lime

a baga
berry

o azevinho
holly

a palmeira
palm

a planta de flor • flowering plant

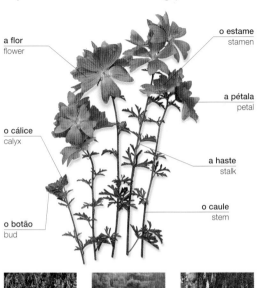

a flor
flower

o estame
stamen

a pétala
petal

o cálice
calyx

a haste
stalk

o caule
stem

o botão
bud

o rainúnculo
amarelo
buttercup

a margarida
daisy

o cardo
thistle

o dente-de-leão
dandelion

a urze
heather

a papoila
poppy

a dedaleira
foxglove

a madressilva
honeysuckle

o girassol
sunflower

o trevo
clover

as campainhas
bluebells

a prímula
primrose

os lupinos
lupins

a urtiga
nettle

a cidade • town

a rua
street

a berma do passeio
kerb

a esquina
street corner

a loja
shop

o
cruzamento
intersection

a rua de
sentido único
one-way
system

o passeio
pavement

o edifício de
escritórios
office block

o prédio de
habitação
apartment
block

a viela
alley

o parque de
estaciona-mento
car park

o sinal de trânsito
street sign

o pegão
bollard

o poste de
iluminação
street light

os edifícios • buildings

a câmara municipal
town hall

a biblioteca
library

o cinema
cinema

o teatro
theatre

a universidade
university

o arranha-céus
skyscraper

as zonas • areas

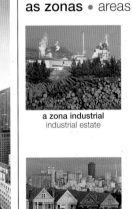

a zona industrial
industrial estate

a cidade
city

a periferia
suburb

a aldeia
village

a escola
school

vocabulário • vocabulary

a zona pedonal pedestrian zone	**a rua lateral** side street	**a porta de inspecção** manhole	**a sarjeta** gutter	**a igreja** church
a avenida avenue	**a praça** square	**a paragem de autocarro** bus stop	**a fábrica** factory	**o esgoto** drain

a arquitectura • architecture

os edifícios e as estruturas • buildings and structures

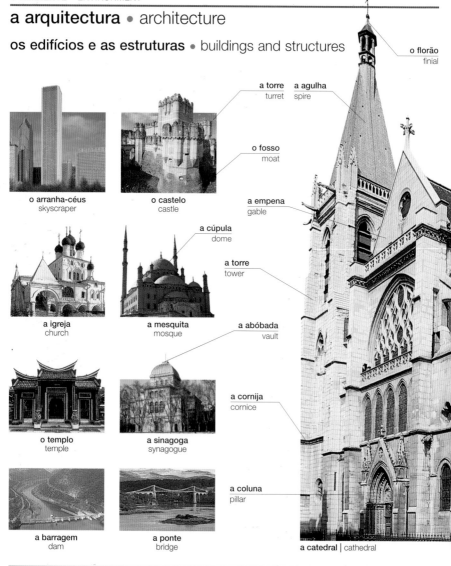

o florão
finial

a torre
turret

a agulha
spire

o fosso
moat

o arranha-céus
skyscraper

o castelo
castle

a empena
gable

a cúpula
dome

a torre
tower

a igreja
church

a mesquita
mosque

a abóbada
vault

a cornija
cornice

o templo
temple

a sinagoga
synagogue

a coluna
pillar

a barragem
dam

a ponte
bridge

a catedral | cathedral

os estilos • styles

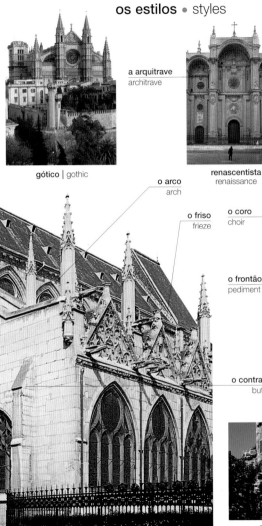

gótico | gothic

a arquitrave
architrave

renascentista
renaissance

barroco
baroque

o arco
arch

o friso
frieze

o coro
choir

rococó
rococo

o frontão
pediment

o contraforte
buttress

neoclássico
neoclassical

arte nova
art nouveau

arte deco
art deco

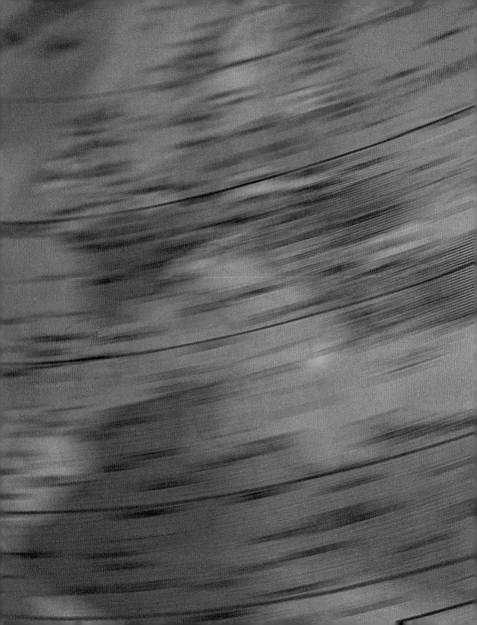

referência
reference

as horas • time

o ponteiro dos
minutos
minute hand

o ponteiro
das horas
hour hand

o relógio
clock

vocabulário • vocabulary		
o segundo second	agora now	um quarto de hora a quarter of an hour
o minuto minute	mais tarde later	vinte minutos twenty minutes
a hora hour	meia hora half an hour	quarenta minutos forty minutes

Que horas são?
What time is it?

São três horas.
It's three o'clock.

uma e cinco
five past one

uma e dez
ten past one

uma e um quarto
quarter past one

uma e vinte
twenty past one

o ponteiro dos
segundos
second hand

uma e vinte e cinco
twenty five past one

uma e meia
one thirty

vinte e cinco para
as duas
twenty five to two

vinte para as duas
twenty to two

um quarto para as duas
quarter to two

dez para as duas
ten to two

cinco para as duas
five to two

duas horas
two o'clock

a noite e o dia • night and day

a meia-noite
midnight

o nascer do sol
sunrise

a aurora
dawn

a manhã
morning

o pôr-do-sol
sunset

o meio-dia
midday

o anoitecer
dusk

a noite
evening

a tarde
afternoon

vocabulário • vocabulary

cedo early	**Chegaste cedo.** You're early.	**Por favor não te atrases.** Please be on time.	**A que horas termina?** What time does it finish?
a horas on time	**Estás atrasado.** You're late.	**Até logo.** I'll see you later.	**Está a ficar tarde.** It's getting late.
atrasado late	**Chegarei daqui a pouco.** I'll be there soon.	**A que horas começa?** What time does it start?	**Quanto tempo vai durar?** How long will it last?

o calendário • calendar

o mês
month

o ano
year

Janeiro
January

2010

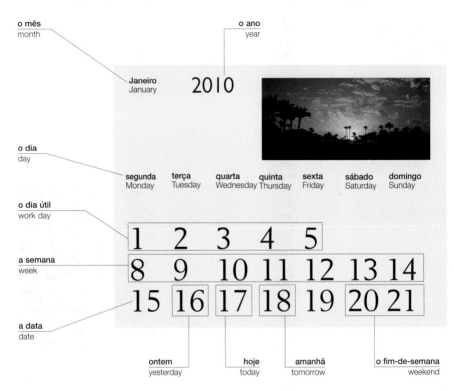

o dia
day

segunda	**terça**	**quarta**	**quinta**	**sexta**	**sábado**	**domingo**
Monday	Tuesday	Wednesday	Thursday	Friday	Saturday	Sunday

o dia útil
work day

a semana
week

a data
date

1	2	3	4	5		
8	9	10	11	12	13	14
15	16	17	18	19	20	21

ontem
yesterday

hoje
today

amanhã
tomorrow

o fim-de-semana
weekend

---

vocabulário • vocabulary

Janeiro January	**Março** March	**Maio** May	**Julho** July	**Setembro** September	**Novembro** November
Fevereiro February	**Abril** April	**Junho** June	**Agosto** August	**Outubro** October	**Dezembro** December

os anos • years

1900   **mil e novecentos** • nineteen hundred

1901   **mil novecentos e um** • nineteen hundred and one

1910   **mil novecentos e dez** • nineteen ten

2000   **dois mil** • two thousand

2001   **dois mil e um** • two thousand and one

as estações • seasons

a Primavera
spring

o Verão
summer

o Outono
autumn

o Inverno
winter

vocabulário • vocabulary

o século century	**esta semana** this week	**semanal** weekly	**Que dia é hoje?** What's the date today?
a década decade	**na semana passada** last week	**mensal** monthly	**É o dia sete de Fevereiro de dois mil e dois.** It's February seventh, two thousand and two.
o milénio millennium	**na próxima semana** next week	**anual** annual	
a quinzena fortnight	**anteontem** the day before yesterday		
	depois de amanhã the day after tomorrow		

os números • numbers

0	zero • zero		20	vinte • twenty
1	um • one		21	vinte e um • twenty-one
2	dois • two		22	vinte e dois • twenty-two
3	três • three		30	trinta • thirty
4	quatro • four		40	quarenta • forty
5	cinco • five		50	cinquenta • fifty
6	seis • six		60	sessenta • sixty
7	sete • seven		70	setenta • seventy
8	oito • eight		80	oitenta • eighty
9	nove • nine		90	noventa • ninety
10	dez • ten		100	cem • one hundred
11	onze • eleven		110	cento e dez • one hundred and ten
12	doze • twelve		200	duzentos • two hundred
13	treze • thirteen		300	trezentos • three hundred
14	catorze • fourteen		400	quatrocentos • four hundred
15	quinze • fifteen		500	quinhentos • five hundred
16	dezasseis • sixteen		600	seiscentos • six hundred
17	dezassete • seventeen		700	setecentos • seven hundred
18	dezoito • eighteen		800	oitocentos • eight hundred
19	dezanove • nineteen		900	novecentos • nine hundred

1,000   **mil** • one thousand

10,000   **dez mil** • ten thousand

20,000   **vinte mil** • twenty thousand

50,000   **cinquenta mil** • fifty thousand

55,500   **cinquenta e cinco mil e quinhentos** • fifty-five thousand five hundred

100,000   **cem mil** • one hundred thousand

1,000,000   **um milhão** • one million

1,000,000,000   **mil milhões** • one billion

primeiro
first

segundo
second

terceiro
third

quarto • fourth

quinto • fifth

sexto • sixth

sétimo • seventh

oitavo • eighth

nono • ninth

décimo • tenth

décimo primeiro • eleventh

décimo segundo • twelfth

décimo terceiro • thirteenth

décimo quarto • fourteenth

décimo quinto • fifteenth

décimo sexto
• sixteenth

décimo sétimo
• seventeenth

décimo oitavo
• eighteenth

décimo nono
• nineteenth

vigésimo
• twentieth

vigésimo primeiro
• twenty-first

vigésimo segundo
• twenty-second

vigésimo terceiro
• twenty-third

trigésimo
• thirtieth

quadragésimo
• fortieth

quinquagésimo
• fiftieth

sexagésimo
• sixtieth

septuagésimo
• seventieth

octogésimo
• eightieth

nonagésimo
• ninetieth

centésimo
• one hundredth

os pesos e as medidas • weights and measures

a área • area

o pé quadrado
square foot

o metro quadrado
square metre

a distância • distance

o quilómetro
kilometre

a milha
mile

o prato
pan

a libra
pound

a onça
ounce

o quilograma
kilogram

o grama
gram

KRUPS

a balança | scales

vocabulário • vocabulary

a jarda yard	**a tonelada** tonne	**medir (v)** measure (v)
o metro metre	**o miligrama** milligram	**pesar (v)** weigh (v)

o comprimento • length

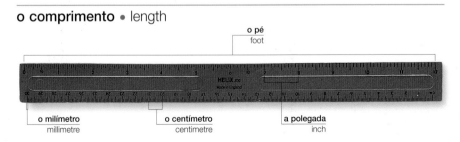

o pé
foot

HELIX 300
Made in England

o milímetro
millimetre

o centímetro
centimetre

a polegada
inch

a capacidade • capacity

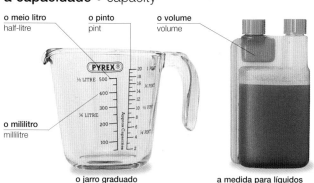

o meio litro
half-litre

o pinto
pint

o volume
volume

o mililitro
millilitre

o jarro graduado
measuring jug

a medida para líquidos
liquid measure

o recipiente • container

o saco
bag

o pacote
carton

o pacote
packet

a garrafa
bottle

a caixa
tub

o boião
jar

a lata
can

a lata
tin

o pulverizador
liquid dispenser

a barra
bar

o tubo
tube

o rolo
roll

o maço
pack

o spray
spray can

o mapa do mundo • world map

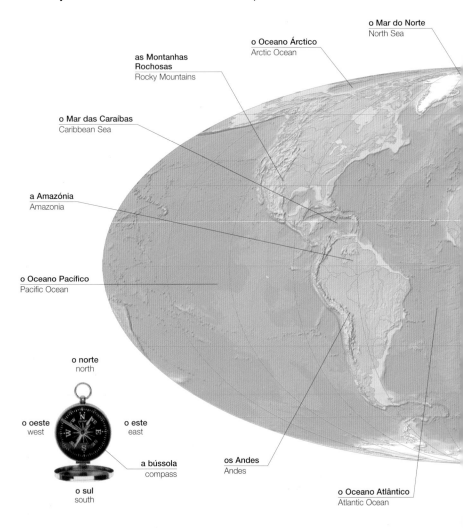

o Mar do Norte
North Sea

o Oceano Árctico
Arctic Ocean

as Montanhas
Rochosas
Rocky Mountains

o Mar das Caraíbas
Caribbean Sea

a Amazónia
Amazonia

o Oceano Pacífico
Pacific Ocean

o norte
north

o oeste
west

o este
east

a bússola
compass

o sul
south

os Andes
Andes

o Oceano Atlântico
Atlantic Ocean

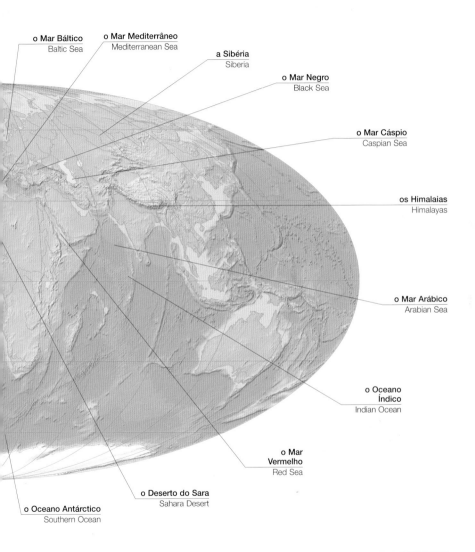

o Mar Báltico
Baltic Sea

o Mar Mediterrâneo
Mediterranean Sea

a Sibéria
Siberia

o Mar Negro
Black Sea

o Mar Cáspio
Caspian Sea

os Himalaias
Himalayas

o Mar Arábico
Arabian Sea

o Oceano
Índico
Indian Ocean

o Mar
Vermelho
Red Sea

o Deserto do Sara
Sahara Desert

o Oceano Antárctico
Southern Ocean

América do Norte e Central • North and Central America

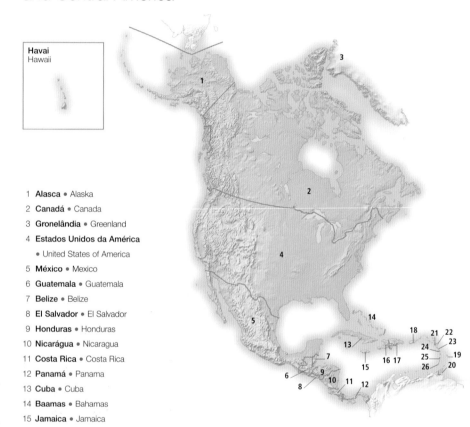

Havai
Hawaii

1 **Alasca** • Alaska

2 **Canadá** • Canada

3 **Gronelândia** • Greenland

4 **Estados Unidos da América**
 • United States of America

5 **México** • Mexico

6 **Guatemala** • Guatemala

7 **Belize** • Belize

8 **El Salvador** • El Salvador

9 **Honduras** • Honduras

10 **Nicarágua** • Nicaragua

11 **Costa Rica** • Costa Rica

12 **Panamá** • Panama

13 **Cuba** • Cuba

14 **Baamas** • Bahamas

15 **Jamaica** • Jamaica

16 **Haiti** • Haiti

17 **República Dominicana** • Dominican Republic

18 **Porto Rico** • Puerto Rico

19 **Barbados** • Barbados

20 **Trindade e Tobago** • Trinidad and Tobago

21 **St. Kitts e Nevis** • St. Kitts and Nevis

22 **Antígua e Barbuda** • Antigua and Barbuda

23 **Domínica** • Dominica

24 **Santa Lúcia** • St Lucia

25 **São Vicente e Granadinas** • St Vincent
 and The Grenadines

26 **Granada** • Grenada

América do Sul • South America

1 **Venezuela** • Venezuela

2 **Colômbia** • Colombia

3 **Equador** • Ecuador

4 **Peru** • Peru

5 **Ilhas Galápagos** • Galapagos Islands

6 **Guiana** • Guyana

7 **Suriname** • Suriname

8 **Guiana Francesa** • French Guiana

9 **Brasil** • Brazil

10 **Bolívia** • Bolivia

11 **Chile** • Chile

12 **Argentina** • Argentina

13 **Paraguai** • Paraguay

14 **Uruguai** • Uruguay

15 **Ilhas Malvinas** • Falkland Islands

vocabulário • vocabulary

o país country	**a província** province	**a zona** zone
a nação nation	**o território** territory	**o distrito** district
o estado state	**a colónia** colony	**a região** region
o continente continent	**o principado** principality	**a capital** capital

Europa • Europe

1 **Irlanda** • Ireland

2 **Reino Unido** • United Kingdom

3 **Portugal** • Portugal

4 **Espanha** • Spain

5 **Ilhas Baleares** • Balearic Islands

6 **Andorra** • Andorra

7 **França** • France

8 **Bélgica** • Belgium

9 **Países Baixos** • Netherlands

10 **Luxemburgo** • Luxembourg

11 **Alemanha** • Germany

12 **Dinamarca** • Denmark

13 **Noruega** • Norway

14 **Suécia** • Sweden

15 **Finlândia** • Finland

16 **Estónia** • Estonia

17 **Látvia** • Latvia

18 **Lituânia** • Lithuania

19 **Kaliningrado** • Kaliningrad

20 **Polónia** • Poland

21 **República Checa** • Czech Republic

22 **Áustria** • Austria

23 **Liechtenstein** • Liechtenstein

24 **Suíça** • Switzerland

25 **Itália** • Italy

26 **Mónaco** • Monaco

27 **Córsega** • Corsica

28 **Sardenha** • Sardinia

29 **São Marinho** • San Marino

30 **Cidade do Vaticano** • Vatican City

31 **Sicília** • Sicily

32 **Malta** • Malta

33 **Eslovénia** • Slovenia

34 **Croácia** • Croatia

35 **Hungria** • Hungary

36 **Eslováquia** • Slovakia

37 **Ucrânia** • Ukraine

38 **Bielorrússia** • Belarus

39 **Moldávia** • Moldova

40 **Roménia** • Romania

41 **Sérvia** • Serbia

42 **Bósnia-Herzegovina** • Bosnia and Herzegovina

43 **Albânia** • Albania

44 **Macedónia** • Macedonia

45 **Bulgária** • Bulgaria

46 **Grécia** • Greece

47 **Kosovo** • Kosovo

48 **Montenegro** • Montenegro

49 **Islândia** • Iceland

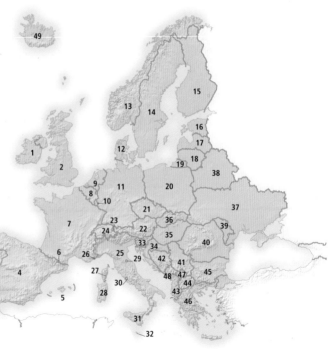

África • Africa

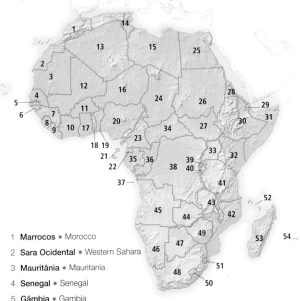

1 **Marrocos** • Morocco

2 **Sara Ocidental** • Western Sahara

3 **Mauritânia** • Mauritania

4 **Senegal** • Senegal

5 **Gâmbia** • Gambia

6 **Guiné-Bissau** • Guinea-Bissau

7 **Guiné** • Guinea

8 **Serra Leoa** • Sierra Leone

9 **Libéria** • Liberia

10 **Costa do Marfim** • Ivory Coast

11 **Burquina Faso** • Burkina Faso

12 **Mali** • Mali

13 **Argélia** • Algeria

14 **Tunísia** • Tunisia

15 **Líbia** • Libya

16 **Níger** • Niger

17 **Gana** • Ghana

18 **Togo** • Togo

19 **Benim** • Benin

20 **Nigéria** • Nigeria

21 **São Tomé e Príncipe** • São Tomé and Principe

22 **Guiné Equatorial** • Equatorial Guinea

23 **Camarões** • Cameroon

24 **Chade** • Chad

25 **Egipto** • Egypt

26 **Sudão** • Sudan

27 **Sudão do Sul** • South Sudan

28 **Eritreia** • Eritrea

29 **Djibuti** • Djibouti

30 **Etiópia** • Ethiopia

31 **Somália** • Somalia

32 **Quénia** • Kenya

33 **Uganda** • Uganda

34 **República Centro-Africana** • Central African Republic

35 **Gabão** • Gabon

36 **Congo** • Congo

37 **Cabinda** • Cabinda (Angola)

38 **República Democrática do Congo** • Democratic Republic of the Congo

39 **Ruanda** • Rwanda

40 **Burundi** • Burundi

41 **Tanzânia** • Tanzania

42 **Moçambique** • Mozambique

43 **Malawi** • Malawi

44 **Zâmbia** • Zambia

45 **Angola** • Angola

46 **Namíbia** • Namibia

47 **Botsuana** • Botswana

48 **Zimbabwe** • Zimbabwe

49 **África do Sul** • South Africa

50 **Lesoto** • Lesotho

51 **Suazilândia** • Swaziland

52 **Comores** • Comoros

53 **Madagáscar** • Madagascar

54 **Maurícia** • Mauritius

Ásia • Asia

1 **Turquia** • Turkey

2 **Chipre** • Cyprus

3 **Federação Russa** • Russian Federation

4 **Geórgia** • Georgia

5 **Arménia** • Armenia

6 **Azerbaijão** • Azerbaijan

7 **Irão** • Iran

8 **Iraque** • Iraq

9 **Síria** • Syria

10 **Líbano** • Lebanon

11 **Israel** • Israel

12 **Jordânia** • Jordan

13 **Arábia Saudita** • Saudi Arabia

14 **Kuwait** • Kuwait

15 **Barém** • Bahrain

16 **Qatar** • Qatar

17 **Emiratos Árabes Unidos** • United Arab Emirates

18 **Omã** • Oman

19 **Iémen** • Yemen

20 **Cazaquistão** • Kazakhstan

21 **Usbequistão** • Uzbekistan

22 **Turquemenistão** • Turkmenistan

23 **Afeganistão** • Afghanistan

24 **Tajiquistão** • Tajikistan

25 **Quirguistão** • Kyrgyzstan

26 **Paquistão** • Pakistan

27 **Índia** • India

28 **Maldivas** • Maldives

29 **Sri Lanka** • Sri Lanka

30 **China** • China

31 **Mongólia** • Mongolia

32 **Coreia do Norte** • North Korea

33 **Coreia do Sul** • South Korea

34 **Japão** • Japan

35 **Nepal** • Nepal

36 **Butão** • Bhutan

37 **Bangladeche** • Bangladesh

38 **Burma (Mianmar)** • Burma (Myanmar)

39 **Tailândia** • Thailand

40 **Laos** • Laos

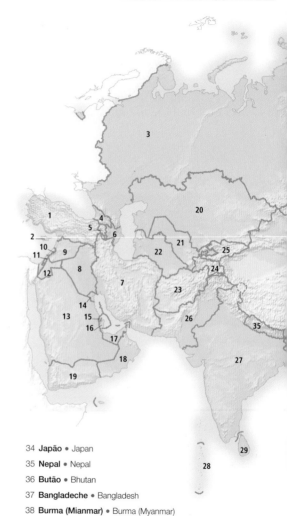

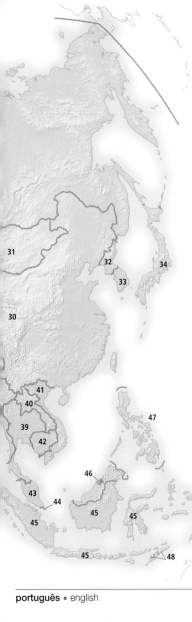

Austrália · Australia

1 **Austrália** · Australia
2 **Tasmânia** · Tasmania
3 **Nova Zelândia** · New Zealand

41 **Vietname** · Vietnam
42 **Cambodja** · Cambodia
43 **Malásia** · Malaysia
44 **Singapura** · Singapore
45 **Indonésia** · Indonesia
46 **Brunei** · Brunei
47 **Filipinas** · Philippines
48 **Timor-Leste** · East Timor
49 **Papua-Nova Guiné** · Papua New Guinea
50 **Ilhas Salomão** · Solomon Islands
51 **Vanuatu** · Vanuatu
52 **Fiji** · Fiji

advérbios e antónimos • particles and antonyms

a, para to	**de** from	**para** for	**para, em direcção a** towards
em cima de over	**debaixo de** under	**ao longo de** along	**através de** across
em frente de in front of	**atrás de** behind	**com** with	**sem** without
sobre onto	**para dentro de** into	**antes** before	**depois de** after
em in	**fora** out	**por** by	**até** until
acima above	**por baixo, abaixo de** below	**cedo** early	**tarde** late
dentro inside	**fora** outside	**agora** now	**mais tarde** later
em cima, até up	**para baixo, em baixo** down	**sempre** always	**nunca** never
em at	**para além de** beyond	**frequentemente** often	**raramente** rarely
através de through	**cerca de** around	**ontem** yesterday	**amanhã** tomorrow
por cima on top of	**ao lado de** beside	**primeiro** first	**último** last
entre between	**em frente de** opposite	**cada** every	**alguns** some
perto near	**longe** far	**cerca de** about	**exactamente** exactly
aqui here	**ali** there	**um pouco** a little	**muito** a lot

grande large	**pequeno** small	**quente** hot	**frio** cold
largo wide	**estreito** narrow	**aberto** open	**fechado** closed
alto tall	**baixo** short	**cheio** full	**vazio** empty
alto high	**baixo** low	**novo** new	**velho** old
grosso thick	**fino** thin	**claro** light	**escuro** dark
leve light	**pesado** heavy	**fácil** easy	**difícil** difficult
duro hard	**mole** soft	**livre** free	**ocupado** occupied
húmido wet	**seco** dry	**forte** strong	**fraco** weak
bom good	**mau** bad	**gordo** fat	**magro** thin
rápido fast	**lento** slow	**jovem** young	**velho** old
certo correct	**errado** wrong	**melhor** better	**pior** worse
limpo clean	**sujo** dirty	**preto** black	**branco** white
bonito beautiful	**feio** ugly	**interessante** interesting	**aborrecido** boring
caro expensive	**barato** cheap	**doente** sick	**bem** well
silencioso quiet	**barulhento** noisy	**i nício** beginning	**fim** end

frases úteis • useful phrases

frases essenciais • essential phrases

Sim
Yes

Não
No

Talvez
Maybe

Por favor
Please

Obrigado
Thank you

De nada
You're welcome

Com licença
Excuse me

Desculpe
I'm sorry

Não
Don't

OK
OK

Está bem
That's fine

Está certo
That's correct

Está mal/errado
That's wrong

saudações • greetings

Olá
Hello

Adeus
Goodbye

Bom dia
Good morning

Boa tarde
Good afternoon

Boa noite
Good evening

Boa noite
Good night

Como está?
How are you?

Chamo-me...
My name is...

Como se chama?
What is your name?

Como se chama ele/ela?
What is his/her name?

Apresento-lhe...
May I introduce...

Este/Esta é...
This is...

É um prazer conhecê-lo
Pleased to meet you

Até logo
See you later

sinais • signs

A informação turística
Tourist information

Entrada
Entrance

Saída
Exit

Saída de emergência
Emergency exit

Empurrar
Push

Perigo
Danger

Não fumar
No smoking

Avariado
Out of order

Horário de abertura
Opening times

Entrada livre
Free admission

Aberto todo o dia
Open all day

Preço reduzido
Reduced price

Saldos
Sale

Bata antes de entrar
Knock before entering

Proibido pisar a relva
Keep off the grass

ajuda • help

Pode ajudar-me?
Can you help me?

Não compreendo
I don't understand

Não sei
I don't know

Fala inglês, francês...?
Do you speak English, French...?

Falo inglês, espanhol...
I speak English, Spanish...

Por favor fale mais devagar
Please speak more slowly

Pode-me escrever isso, por favor?
Please write it down for me

Perdi...
I have lost...

indicações •
directions

Estou perdido
I am lost

Onde fica o/a...?
Where is the...?

Onde fica o/a... mais próximo/a?
Where is the nearest...?

Onde ficam as casas de banho?
Where are the toilets?

Como vou para...?
How do I get to...?

À direita
To the right

À esquerda
To the left

Sempre em frente
Straight ahead

A que distância fica o/a...?
How far is...?

os sinais de trânsito • road signs

Todos os sentidos
All directions

Atenção
Caution

Proibida a entrada
No entry

Diminuir a velocidade
Slow down

Desvio
Diversion

Circular pela direita
Keep to the right

Autoestrada
Motorway

Proibido estacionar
No parking

Estrada sem saída
No through road

Rua de sentido único
One-way street

Outras direcções
Other directions

Residentes apenas
Residents only

Obras na estrada
Roadworks

Curva perigosa
Dangerous bend

alojamento •
accommodation

Tenho uma reserva
I have a reservation

Onde é a sala de refeições?
Where is the dining room?

O número do meu quarto é o...
My room number is...

A que horas é o pequeno-almoço?
What time is breakfast?

Voltarei às... horas
I'll be back at... o'clock

Vou embora amanhã
I'm leaving tomorrow

comida e bebida •
eating and drinking

Saúde!
Cheers!

Está delicioso/horrível
It's delicious/awful

Não bebo/fumo
I don't drink/smoke

Não como carne
I don't eat meat

Não quero mais, obrigado
No more for me, thank you

Posso repetir?
May I have some more?

Pode trazer-nos a conta?
May we have the bill?

Pode dar-me um recibo?
Can I have a receipt?

Zona de não fumadores
No-smoking area

saúde • health

Não me sinto bem
I don't feel well

Tenho náuseas
I feel sick

Qual é o número de telefone do médico mais próximo?
What is the telephone number of the nearest doctor?

Dói-me aqui
It hurts here

Tenho febre
I have a temperature

Estou grávida de... meses
I'm... months pregnant

Preciso de uma receita de...
I need a prescription for...

Normalmente tomo...
I normally take...

Sou alérgico a...
I'm allergic to...

Índice português • Portuguese index

português

português

português

microscópio *m* 167
mil 309
mil e novecentos 307
mil milhões 309
mil novecentos e dez 307
mil novecentos e um 307
milénio *m* 307
milha *f* 310
milho doce *m* 122, 124
milho *m* 130, 184
milho-miúdo *m* 130
miligrama *m* 310
mililitro *m* 311
milímetro *m* 310
minerais *m* 289
minhoca *f* 295
miniautocarro *m* 197
minibar *m* 101
minuto *m* 304
miopia *f* 51
mirtilo *m* 127
míssil *m* 211
mistura para juntas *f* 83
misturar (*v*) 67, 138
miúdos *m* 118
móbil *m* 74
mobílias e a decoração
   f 105
Moçambique 317
mocassin *m* 37
mochila *f* 31, 37, 267
mocho *m* 292
moço de estrebaria *m* 243
moda *f* 277
modalidades *f* 243, 247
modelismo *m* 275
modelo *f* 169
módulo lunar *m* 281
moeda *f* 97
moedas devolvidas *f* 99
moído 132
mola da roupa *f* 76
mola *f* 30, 71
mola para papel *f* 173
molar *m* 50
Moldávia 316
molde *m* 276
moldura *f* 62, 271
mole 129, 321
molho de tomate *m* 154
molho *m* 135, 143, 155
Mónaco 316
monção *f* 287
mondar (*v*) 92
Mongólia 318
monho *m* 39
monitor de bebé *m* 75
monitor *m* 53, 172
monocarril *m* 208
monopólio *m* 272
monovolume *m* 199
montanha *f* 284
montanha russa *f* 262
Montanhas Rochosas *f* 312
montar uma tenda (*v*) 266
monte de adubo natural
   m 85

monumento *m* 261
morada de e-mail *m* 177
morada do remetente *f* 98
morada *f* 98
moradia urbana *f* 58
morango *m* 127
morcego *m* 290
mordedura *f* 46
morder (*v*) 245
morrer (*v*) 26
morsa *f* 290
mosca *f* 244, 273, 295
mosquiteiro *m* 267
mosquito *m* 295
mostarda em grão *f* 135
mostarda *f* 155
mostarda francesa *f* 135
mostarda inglesa *f* 135
mota de neve *f* 247
moto de corridas *f* 205
moto de cross *f* 205
moto de passeio *f* 205
motocicleta *f* 204
motociclismo *m* 249
motocross *m* 249
motor fora-de-borda *m*
   215
motor *m* 88, 202, 204,
   210
motorista de autocarro
   m 190
motorista de táxi *m* 190
motorista *m* 196
mousse *f* 141
móvel *m* 268
mozarella *m* 142
muda-fraldas *m* 74
mudanças *f* 206
mudar (*v*) 209
mudar de canal (*v*) 269
mudar de vaso (*v*) 92
mudar de velocidade (*v*)
   207
mudar um pneu (*v*) 203
muito 320
muito quente 286
mulher de negócios *f* 175
mulher *f* 12, 13, 22, 23
multiplicar (*v*) 165
multivitaminas *f* 109
músculos *m* 16
museu *m* 261
música clássica *f* 255, 259
música country *f* 259
música de dança *f* 259
música *f* 162
música folk *f* 259
musical *m* 255
músico *m* 191

N

na próxima semana 307
na semana passada 307
nabo *m* 124
nação *f* 315
nadador *m* 238

nadar (*v*) 238
nádega *f* 13, 16
naipe *m* 273
Namíbia 317
namorada *f* 24
namorado *m* 24
não dobrar (*v*) 98
não pasteurizado 137
narciso *m* 111
narina *f* 14
nariz *m* 14, 210
nascer (*v*) 26
nascer do sol *m* 305
nascimento *m* 52
nata azeda *f* 137
nata batida *f* 137
nata *f* 137, 140, 157
nata gorda *f* 137
nata líquida *f* 137
natação *f* 238
natação sincronizada *f* 239
Natal *m* 27
natural 256
naturopatia *f* 55
náusea *f* 44
navegação por satélite
   f 201
navegar (*v*) 177, 240
navio de carga *m* 215
navio de guerra *m* 215
navio *m* 214
navio porta-contentores
   m 215
neblina *f* 287
nebulosa *f* 280
nectarina *f* 126
negativo *m* 271
negócios *m* 175
neoclássico 301
Nepal 318
Neptuno 280
nervo *m* 19, 50
nervo óptico *m* 51
nervoso 19, 25
neta *f* 22
neto *m* 22
netos *m* 23
neurologia *f* 49
neutro 60
neve *f* 287
nevoeiro *m* 287
Nicarágua 314
Níger 317
Nigéria 317
níquel *m* 289
nível de bolha de ar *m*
   80, 187
nó do dedo *m* 15
nocaute *m* 237
noite e o dia *m* 305
noite *f* 305
noiva *f* 24
noivo *m* 24
nonagésimo 309
nono 309
nora *f* 22
normal 39

norte *m* 312
Noruega 316
nota de cumprimentos
   f 173
nota *f* 97, 163, 256
notação *f* 256
notas *f* 191
notícias *f* 178
Nova Zelândia 319
nove 308
novecentos 308
Novembro 306
noventa 308
novo 321
noz *f* 129
noz mozcada *f* 132
noz pecan *f* 129
nublado 286
nuca *f* 13
núcleo externo *m* 282
núcleo interno *m* 282
nuggets de frango *m* 155
numerador *m* 165
número da conta *m* 96
número da plataforma
   m 208
número da porta de
   embarque *m* 213
número da rota *m* 196
número do código secreto
   m 96
número do quarto *m* 100
número do voo *m* 212
número *m* 226
números *m* 308
nunca 320
nuvem *f* 287
nylon *m* 277

O

objectiva *f* 270
oboé *m* 257
obra *f* 186
obras na estrada *f* 187,
   195
obsidiana *f* 288
obstáculo de água *m* 232
obstetra *m* 52
obturação *f* 50
obytes *m* 176
Oceano Antárctico *m* 313
Oceano Árctico *m* 312
Oceano Atlântico *m* 312
Oceano Índico *m* 313
oceano *m* 282
Oceano Pacífico *m* 312
octogésimo 309
octógono *m* 164
ocular *f* 167
oculista *m* 51
óculos de natação *m* 238
óculos de segurança *m*
   81, 167
óculos de sol *m* 51, 265
óculos *m* 51, 247
ocupado 99, 321

oeste *m* 312
ofertas *f* 106
oficial de diligências *m* 180
oficial do tribunal *m* 180
oficina *f* 78, 199
oftalmologia *f* 49
oftalmologia *m* 189
oitavo 309
oitenta 308
oito 308
oitocentos 308
olaria *f* 275
óleo aromatizado *m* 134
óleo de amêndoas *m* 134
óleo de amendoim *m* 135
óleo de avelãs *m* 134
óleo de colza *m* 135
óleo de girassol *m* 134
óleo de grainhas de uva
   m 134
óleo de milho *m* 135
óleo de nozes *m* 134
óleo de sésamo *m* 134
óleo extraído a frio *m* 135
óleo *m* 142, 199
óleo vegetal *m* 135
óleos essenciais *m* 55
óleos *m* 134
oleosa 41
oleoso 39
olho *m* 14, 51, 244
olhos vermelhos *m* 271
olmo *m* 296
Omã 318
ombreira *f* 224
ombro *m* 13
omelete *f* 158
omoplata *f* 17
onça *f* 310
oncologia *f* 49
onda *f* 241
onda curta *f* 179
onda *f* 241
onda larga *f* 179
onda média *f* 179
ónix *m* 289
on-line 177
ontem 306, 320
onze 308
opala *f* 288
ópera *f* 255
operação *f* 48
operador de câmara *m* 178
orador *m* 174
órbita *f* 280
ordem de trabalhos *f* 174
ordem judicial *f* 180
ordenhar (*v*) 183
orégãos *m* 133
orelha *f* 14
orgânico 91
organizador de
   ferramentas *m* 78
organizador de secretária
   m 172
órgãos internos *m* 18
órgãos reprodutores *m* 20

português

Índice inglês • English index

english

english

english

english

H

english

english

english

english

english

english

english

português • english

english

agradecimentos • acknowledgments

DORLING KINDERSLEY would like to thank Tracey Miles and Christine Lacey for design assistance, Georgina Garner for editorial and administrative help, Sonia Gavira, Polly Boyd, and Cathy Meeus for editorial help, and Claire Bowers for compiling the DK picture credits.

The publisher would like to thank the following for their kind permission to reproduce their photographs:

Abbreviations key: a-above; b-below/bottom; c-centre; f-far; l-left; r-right; t-top)

123RF.com: Andriy Popov 34tl; Daniel Ernst 179tc; Hongqi Zhang 24cla. 175cr; Ingvar Bjork 60c; Kobby Dagan 259c; leonardo255 269c; Liubov Vadimovna (Luba) Nel 39cla; Ljupco Smokovski 75crb; Oleksandr Marynchenko 60bl; Olga Popova 33c; oneblink 49bc; Racorn 162tl; Robert Churchill 94c; Roman Gorielov 33bc; Ruslan Kudrin 35bc, 35br; Subbotina 39cra; Sutichak Yachaingkham 39tc; Tarzhanova 37tc; Vitaly Valua 39tl; Wavebreak Media Ltd 188bl; Wilawan Khasawong 75cb; **Action Plus:** 224bc; **Alamy Images:** 154t; A.T. Willett 287bcl; Alex Segre 105ca, 105cb, 195cl; Ambrophoto 24cra; Blend Images 168cr; Cultura RM 33r; Doug Houghton 107fbr; Ekkapon Sriharun 172bl; Hugh Threlfall 35tl; 176tr; Ian Allenden 48br; Ian Dagnall (iPod is a trademark of Apple Inc., registered in the U.S. and other countries) 268tc, 270t; Ievgen Chepil 250bc; imagebroker 199tl, 249c; keith norris 178c; Martyn Evans 210b; MBI 175tl; Michael Burrell 213cra; Michael Foyle 184bl; Oleksiy Maksymenko 105tc; Paul Weston 168br; Prisma Bildagentur AG 246b; Radharc Images 197tr; RBtravel 112tl; Ruslan Kudrin 176tl; Sasa Huzjak 258t; Sergey Kravchenko 37ca; Sergio Azenha 270bc; Stanca Sanda (iPad is a trademark of Apple Inc., registered in the U.S. and other countries) 176bc; Stock Connection 287bcr; tarczas 35cr; vitaly suprun 176ctl; Wavebreak Media ltd 39cl, 174b, 175tr; **Allsport/Getty Images:** 238cl; **Alvey and Towers:** 209 acr, 215bcl, 215bcr, 241cr; **Peter Anderson:** 188cbr, 271br. **Anthony Blake Photo Library:** Charlie Stebbings 114cl; John Sims 114tcl; **Andyalte:** 98tl; **apple mac computers:** 268tcr; **Arcaid:** John Edward Linden 301bl; Martine Hamilton Knight, Architects: Chapman Taylor Partners, 213cl; Richard Bryant 301br; **Argos:** 41tcl, 66cl, 66cl, 66br, 66bcl, 69cl, 70bcl, 71t, 77tl, 269tc, 270tl; **Axiom:** Eitan Simanor 105bcr; Ian Cumming 104; Vicki Couchman 148cr; **Beken Of Cowes Ltd:** 215ccbr; **Bosch:** 76tcr, 76tc, 76tcl; **Camera Press:** 38tr, 256t, 257cr; Barry J. Holmes 148tr; Jane Hanger 159cr; Mary Germanou 259bc; **Corbis:** 78b; Anna Clopet 247tr; Ariel Skelley / Blend Images 52l; Bettmann 181tl, 181tr; Blue Jean Images 48bl; Bo Zauders 156t; Bob Rowan 152bl; Bob Winsett 247cbl; Brian Bailey 247br; Carl and Ann Purcell 162l; Chris Rainer 247ctl; Craig Aurness 215bl; David H.Wells 249cbr; Dennis Marsico

274bl; Dimitri Lundt 236bc; Duomo 211tl; Gail Mooney 277cctcr; George Lepp 248c; Gerald Nowak 239b; Gunter Marx 248cr; Jack Hollingsworth 231bl; Jacqui Hurst 277cbr; James L. Amos 247bl, 191ctr, 220bcr; Jan Butchofsky 277cbc; Johnathan Blair 243cr; Jose F. Poblete 191br; Jose Luis Pelaez.Inc 153tc; Karl Weatherly 220bl, 247tcr; Kelly Mooney Photography 259tl; Kevin Fleming 249bc; Kevin R. Morris 105tr, 243tl, 243tc; Kim Sayer 249tcr; Lynn Goldsmith 258t; Macduff Everton 231bcl; Mark Gibson 249bl; Mark L. Stephenson 249tcl; Michael Pole 115tr; Michael S. Yamashita 247cctcl; Mike King 247cbl; Neil Rabinowitz 214br; Pablo Corral 115bc; Paul A. Sounders 169br, 249ctcl; Paul J. Sutton 224c, 224br; Phil Schermeister 227b, 248tr; R. W Jones 309; Richard Morrell 189bc; Rick Doyle 241ctr; Robert Holmes 97br, 277ctc; Roger Ressmeyer 169tr; Russ Schleipman 229; The Purcell Team 211ctr; Vince Streano 194t; Wally McNamee 220br, 220bcl, 224bl; Wavebreak Media LTD 191bc; Yann Arhus-Bertrand 249tl; **Demetrio Carrasco / Dorling Kindersley (c) Herge / Les Editions Casterman:** 112ccl; **Dorling Kindersley:** Banbury Museum 35c; Five Napkin Burger 152t; **Dixons:** 270cl, 270cr, 270bl, 270bcl, 270bcr, 270ccr; **Dreamstime.com:** Alexander Podshivalov 179tr, 191cr; Alexxl66 268tl; Andersastphoto 176tc; Andrey Popov 91tl; Arne9001 190tl; Chaoss 26c; Designsstock 269cl; Monkey Business Images 26clb; Paul Michael Hughes 162tr; Serghei Starus 190bc; **Education Photos:** John Walmsley 26tl; **Empics Ltd:** Adam Day 238br; Andy Heading 243c; Steve White 249cbc; **Getty Images:** 48bcl, 100t, 114bcr, 154bl, 287tr; 94trr; Don Farrall / Digital Vision 176c; Ethan Miller 270bl; Inti St Clair 179bl; Liam Norris 188br; Sean Justice / Digital Vision 24br; **Dennis Gilbert:** 106tc; **Hulsta:** 70t; **Ideal Standard Ltd:** 72r; **The Image Bank/Getty Images:** 58; **Impact Photos:** Eliza Armstrong 115cr; Philip Achache 246t; **The Interior Archive:** Henry Wilson, Alfie's Market 114bl; Luke White, Architect: David Mikhail, 59tl; Simon Upton, Architect: Phillippe Starck, St Martins Lane Hotel 100bcr, 100br; **iStockphoto.com:** asterix0597 163tl; EdStock 190br; RichLegg 26bc; SorinVidis 27cr; **Jason Hawkes Aerial Photography:** 216t; **Dan Johnson:** 35r; **Kos Pictures Source:** 215cbl, 240tc, 240tr; David Williams 216b; **Lebrecht Collection:** Kate Mount 169bc; **MP Visual.com:** Mark Swallow 202t; **NASA:** 280cr, 280ccl, 281tl; **P&O Princess Cruises:** 214bl; **P A Photos:** 181br; **The Photographers' Library:** 186bl, 186bc, 186t; **Plain and Simple Kitchens:** 66t; **Powerstock Photolibrary:** 169tl, 256t, 287tc; **PunchStock:** Image Source 195tr; **Rail Images:** 208c, 208 cbl, 209br; **Red Consultancy:** Odeon cinemas 257br; **Redferns:** 259br; Nigel Crane 259c; **Rex

Features:** 106br, 259tc, 259tr, 259bl, 280b; Charles Ommaney 114tcr; J.F.F Whitehead 243cl; Patrick Barth 101tl; Patrick Frilet 189cbl; Scott Wiseman 287bl; **Royalty Free Images:** Getty Images/Eyewire 154bl; **Science & Society Picture Library:** Science Museum 202b; **Science Photo Library:** IBM Research 190cla; NASA 281cr; **SuperStock:** Ingram Publishing 62; Juanma Aparicio / age fotostock 172t; Nordic Photos 269tl; **Skyscan:** 168t, 182c, 298; Quick UK Ltd 212; **Sony:** 268bc; **Robert Streeter:** 154br; **Neil Sutherland:** 82tr, 83tl, 90t, 118, 188ctr, 196tl, 196tr, 299cl, 299bl; **The Travel Library:** Stuart Black 264t; **Travelex:** 97cl; **Vauxhall:** Technik 198t, 199tl, 199tr, 199cl, 199cr, 199cctcl, 199ctcr, 199tcl, 199tcr, 200; **View Pictures:** Dennis Gilbert, Architects: ACDP Consulting, 106t; Dennis Gilbert, Chris Wilkinson Architects, 209tr; Peter Cook, Architects: Nicholas Crimshaw and partners, 208t; **Betty Walton:** 185br; **Colin Walton:** 2, 4, 7, 9, 10, 28, 42, 56, 92, 95c, 99tl, 99ctcl, 102, 116, 120t, 138t, 146, 150t, 160, 170, 191ctcl, 192, 218, 252, 260br, 260l, 261tr, 261c, 261cr, 271bl, 271cr, 271ctl, 278, 287br, 302, 401.

DK PICTURE LIBRARY:

Akhil Bahkshi; Patrick Baldwin; Geoff Brightling; British Museum; John Bulmer; Andrew Butler; Joe Cornish; Brian Cosgrove; Andy Crawford and Kit Hougton; Philip Dowell; Alistair Duncan; Gables; Bob Gathany; Norman Hollands; Kew Gardens; Peter James Kindersley; Vladimir Kozlik; Sam Lloyd; London Northern Bus Company Ltd; Tracy Morgan; David Murray and Jules Selmes; Musée Vivant du Cheval, France; Museum of Broadcast Communications; Museum of Natural History; NASA; National History Museum; Norfolk Rural Life Museum; Stephen Oliver; RNLI; Royal Ballet School; Guy Ryecart; Science Museum; Neil Setchfield; Ross Simms and the Winchcombe Folk Police Museum; Singapore Symphony Orchestra; Smart Museum of Art; Tony Souter; Erik Svensson and Jeppe Wikstrom; Sam Tree of Keygrove Marketing Ltd; Barrie Watts; Alan Williams; Jerry Young.

Additional Photography by Colin Walton.

Colin Walton would like to thank:
A&A News, Uckfield; Abbey Music, Tunbridge Wells; Arena Mens Clothing, Tunbridge Wells; Burrells of Tunbridge Wells; Gary at Di Marco's; Jeremy's Home Store, Tunbridge Wells; Noakes of Tunbridge Wells; Ottakar's, Tunbridge Wells; Selby's of Uckfield; Sevenoaks Sound and Vision; Westfield, Royal Victoria Place, Tunbridge Wells.

All other images © Dorling Kindersley
For further information see: www.dkimages.com

português • english